国家级职业教育规划教材
全国技工院校市场营销专业教材（中级技能层级）
全国中等职业学校市场营销专业教材

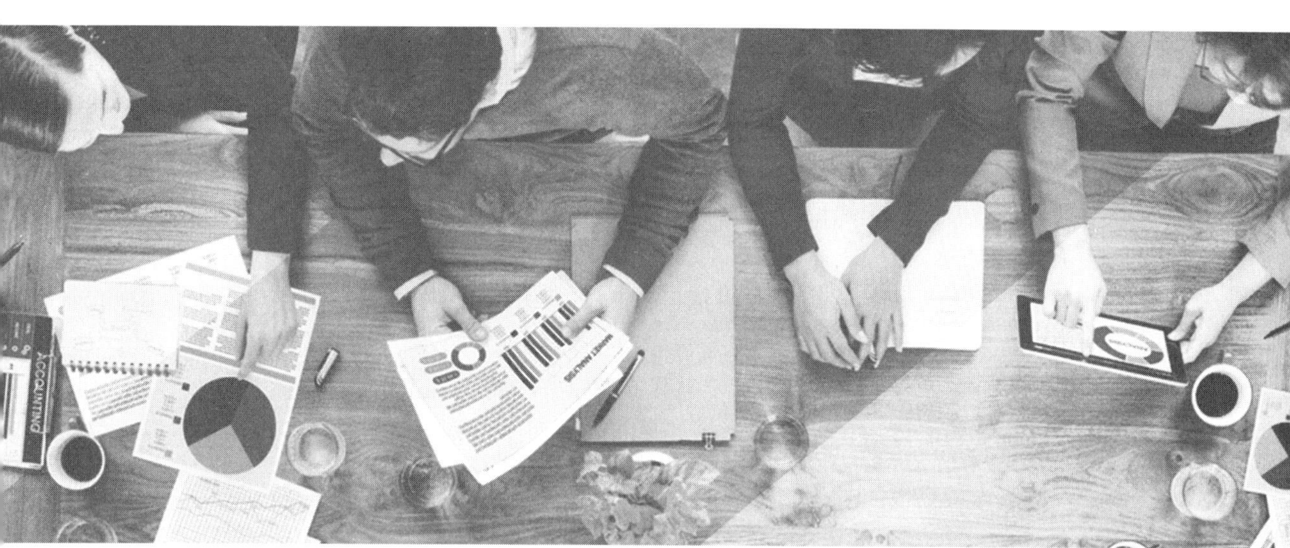

（第四版）

MARKETING

现代企业管理基础知识

袁法军　高超　主编

中国劳动社会保障出版社

简介

本教材为国家级职业教育规划教材，主要内容包括：现代企业管理概述、现代企业资源管理、现代企业市场营销管理、现代企业生产与质量管理、现代企业战略和决策、现代企业文化和企业形象等。教材依据中职学生认知特点编写，每节以典型案例作为导读，通过对案例的分析引出知识讲解，在知识讲解中穿插案例阅读、知识链接和课堂实战，帮助学生灵活运用所学知识；每章还配有思考与练习和课后阅读（课后阅读以二维码形式呈现），帮助学生巩固知识和技能。

本教材由袁法军、高超任主编，沈洁、缪茜惠、沈舒、石峰参加编写。

图书在版编目(CIP)数据

现代企业管理基础知识 / 袁法军，高超主编. -- 4版. -- 北京：中国劳动社会保障出版社，2019

全国技工院校市场营销专业教材. 中级技能层级 全国中等职业学校市场营销专业教材

ISBN 978-7-5167-3940-2

Ⅰ. ①现… Ⅱ. ①袁…②高… Ⅲ. ①企业管理－中等专业学校－教材 Ⅳ. ①F270

中国版本图书馆 CIP 数据核字（2019）第 072060 号

中国劳动社会保障出版社出版发行

（北京市惠新东街 1 号 邮政编码：100029）

*

北京市艺辉印刷有限公司印刷装订 新华书店经销

787 毫米 ×1092 毫米 16 开本 10.75 印张 170 千字

2019 年 5 月第 4 版 2021 年12月第 4 次印刷

定价：21.00 元

读者服务部电话：（010）64929211/84209101/64921644

营销中心电话：（010）64962347

出版社网址：http://www.class.com.cn

http://jg.class.com.cn

版权专有 侵权必究

如有印装差错，请与本社联系调换：（010）81211666

我社将与版权执法机关配合，大力打击盗印、销售和使用盗版图书活动，敬请广大读者协助举报，经查实将给予举报者奖励。

举报电话：（010）64954652

前言

全国中等职业技术学校市场营销专业教材自出版以来，在学校教学中发挥了重要作用。近年来，随着经济的发展，我国市场营销环境也发生了巨大的变化，这对市场营销从业人员的职业素养和知识、技能水平都提出了更高的要求。为适应这一变化，满足学校培养人才的需求，我们组织了一批骨干教师与行业、企业专家，在充分调研的基础上，对现有教材进行了修订。

本次教材修订工作的重点主要体现在以下几个方面：

第一，完善了教材体系。根据目前职业院校市场营销专业的教学实际，将《店铺陈列》《店铺促销》《连锁经营与管理》等教材整合为《店铺经营与管理》，增加了《市场调查》教材。调整后，整套教材体系更加科学、完善，也更便于教学。

第二，更新了教材内容。针对市场营销专业的现状和发展趋势以及企业的岗位需求，调整、补充和更新了相关教材的结构和内容，使教材更具时代感和前瞻性。增加了实践性教学内容的比重，在主要技能课教材中加入实训项目，并配以详细的操作指导，以引导学生运用所学知识分析和解决实际问题。

第三，改进了教材表现形式。针对学生的认知规律，在教材编写上尽可能多地以图表代替冗长的文字叙述，使教材更加生动，易于学习。同时，对上一版教材的栏目设置进行了整合、优化，使其脉络更加清晰，提高了教材的可读性和实用性。

第四，加强了教材配套资源建设。在修订教材的同时，修订了配套习题册和电子课件。电子课件及习题答案可登录中国技工教育网（http://jg.class.com.cn）

免费下载。在部分教材中使用了二维码技术，针对教材中的教学重点和难点制作了案例文本、演示视频等多媒体素材，学生使用移动终端扫描二维码即可在线观看相应内容。

本套教材的编写得到了有关学校的大力支持，教材编审人员做了大量的工作，在此我们表示衷心的感谢！同时，恳切希望广大读者对教材提出宝贵的意见和建议。

人力资源社会保障部教材办公室

目录

第一章　现代企业管理概述

现代企业管理是指为实现企业最大效益，对具有现代企业制度、采用现代化大生产方式和从事大规模产销活动的企业进行的现代化管理。在科学技术高度发达、产品日新月异的今天，企业想要在激烈的市场竞争中立于不败之地，必须不断地提高管理水平，以保证企业持续经营与发展。

学习目标

1. 了解企业及企业管理的基本概念，掌握企业的产生和发展过程
2. 了解现代企业的组织和领导制度，掌握企业管理的基础工作
3. 了解现代企业制度的特征，能简单分析各种类型企业制度的优劣势

第一节　企业和企业管理

【导读】

“海底捞”现象

在中国，如果提起四川简阳这个地方，可能没多少人知道，但提到来自当地的火锅店——海底捞，则几乎无人不知。在海底捞火锅店，很多客人宁愿在外排队等候很长时间，也要在这里就餐，其生意火爆的程度让很多知名餐馆、酒店羡慕不已。人们不禁要问，一家来自四川一个县级市的火锅店，如何创造如此骄人的业绩，成为中国餐饮业的“海底捞”现象？

在海底捞企业创始人张勇的理念中，海底捞火锅店的核心业务不仅是餐饮，更是服务。正因如此，除了新鲜度高的食材和花式的抻面表演，海底捞火锅店还一直以人性化的服务而知名。例如，为排队客人提供上网、美甲、擦鞋、棋牌娱乐等免费服务。为用餐客人提供的服务更是贴心：为长发客人准备皮筋，为戴眼镜客人准备眼镜布，为客人手机套上透明塑料袋，为带小孩或过生日的客人送上小礼物；每隔一段时间更换热毛巾，帮助客人清理台面；点餐时发现客人点太多，善意给出少点或点半份的建议等。

正是因为创办20多年来对顾客的真心服务、诚意关怀，让海底捞火锅店经受住了市场和顾客的检验，成功打造出了信誉度和满意度双高的特色火锅品牌。

【点评】

海底捞火锅店以“服务至上、顾客至上”为宗旨，创造了中国火锅的神话，让“海底捞”不仅成为一种消费，更成为一种享受。企业从事生产经营活动，只有为社会、为消费者提供他们所期望的产品和服务，才能获得经济利益。

一、企业概述

1. 企业的定义

企业是指以营利为目的，运用各种生产要素（土地、劳动力、资本、技术和企业家才能等），向市场提供商品或服务，实行自主经营、自负盈亏、独立核算的法人或其他社会经济组织。

从动态的角度看，企业是一个以营利为目的进行商品生产和交换活动的组织。企业既要从市场上采购商品（产品或服务），又要向市场出售其商品（产品或服务），这些交换活动形成了两股流（见图 1—1—1）：

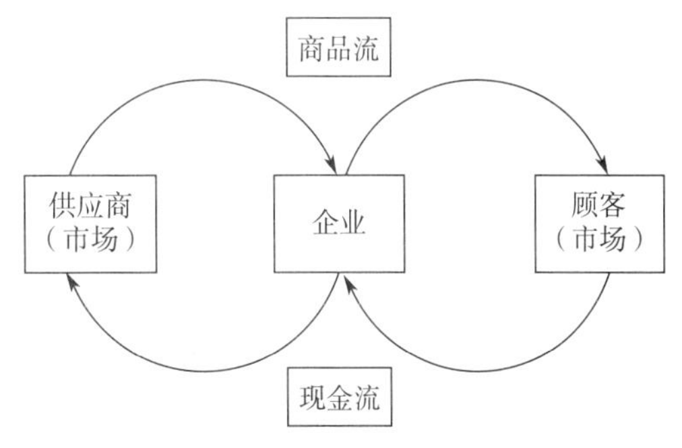

图 1—1—1　企业运转示意图

一是商品流——是指从市场购买商品（设备、原料等），并向市场销售商品（产品、服务等）的商品活动流。

二是现金流——是指资金支付（原材料费用、修理费用、租金等）和资金流入（销售收入、服务收入等）的资金活动流。

从图 1—1—1 可以看出，一个经营成功的企业，可以通过有效的经营循环，不间断地进行采购、生产和销售活动。

2. 企业的产生和发展

企业并不是从来就有的，它是生产力发展到一定水平的产物，是商品生产的产物，并随着商品生产的发展而发展。在经历了原始社会的氏族部落、奴隶社会的奴隶主庄园、封建社会的家庭和手工作坊等形式的演变后，逐渐形成了企业的雏形。

随着生产力的发展、社会的进步，企业形式不断发展完善。企业的演进主要经历了工场手工业时期、工厂制时期、现代企业时期等几个阶段，见表 1—1—1。

表 1—1—1　企业的发展阶段

企业发展阶段	说明
工场手工业时期	工场手工业时期是指从封建社会的家庭手工业出现到资本主义初期。16 世纪至 17 世纪，一些西方国家开始由封建社会制度向资本主义制度转变，资本主义原始积累加快并大规模地剥夺农民的土地，使家庭手工业逐渐瓦解，开始向资本主义工厂制转变。工场手工业是企业的雏形
工厂制时期 	18 世纪，西方各国相继开展了工业革命。大机器的普遍采用，为工厂制的建立奠定了基础。1771 年，英国的阿克莱特在曼彻斯特创立了第一家棉纺厂。19 世纪三四十年代，工厂制度在英国、德国等国家普遍建立。工厂制的主要特征是：实行大规模的集中劳动，采用大机器高效率生产，实行雇佣工人制度，劳动分工深化，生产走向社会化。工厂制的建立，标志着企业的真正诞生
现代企业时期 	19 世纪末 20 世纪初，随着自由竞争资本主义向垄断资本主义过渡，工厂自身发生了复杂而又深刻的变化：不断采用新技术，生产迅速发展；生产规模不断扩大，竞争加剧，产生了大规模的垄断企业；经营权与所有权分离，形成职业化的管理阶层；普遍建立了科学的管理制度，形成了一系列科学管理理论

3. 企业的特征

（1）组织性

企业不同于个人、家庭，它是一种有名称、有组织机构、有规章制度的正式组织，是由企业所有者和员工通过契约关系自由组合形成的一种开放的社会组织。

（2）经济性

企业作为一种社会组织，不同于行政、军事、党政、社团、慈善等组织，它本质上是经济组织，以经济活动为中心，实行全面的经济核算，致力于不断提高经济效益，是直接从事经济活动的实体。

（3）商品性

企业作为经济组织，又不同于自给自足的自然经济组织，而是商品经济组织，其经济活动是面向市场进行的。不仅企业的产出（产品、服务）和投入（资源、要素）是商品，而且企业自身（企业的有形、无形资产）也是商品，企业产权可以有偿转让。所以说企业是“以商品生产商品，是生产商品的商品”。

（4）营利性

企业是市场经济的基本单位，是单个职能资本的运作实体。企业以赢取利润为目的，通过生产、经营和资本运营，追求资本增值和利润最大化。

（5）独立性

企业还是一种在法律和经济上都具有独立性的组织，它作为一个整体在社会上完全独立，依法独立享有民事权利，独立承担民事义务、民事责任。它与其他自然人、法人在法律地位上完全平等，没有行政级别和行政隶属关系。

知识链接

法　人

法人是相对于自然人而言的。自然人是以生命为存在特征的个人，我们每个人都是自然人。法人是具有民事权利能力和民事行为能力，依法独立享有民事权利和承担民事义务的组织，是社会组织在法律上的人格化。

根据《中华人民共和国民法总则》第五十八条规定，法人应当依法成立。法人应当有自己的名称、组织机构、住所、财产或者经费。法人成立的具体条件和程序，依照法律、行政法规的规定。

4. 企业的类型

企业法定分类的基本形态主要是独资企业、合伙企业和公司制企业。

（1）独资企业

独资企业是指个人出资经营、归个人所有和控制、由个人承担经营风险和享有全部经营收益的企业，是最古老、最简单的一种企业组织形式，主要盛行于零售业、手工业、农业、林业、渔业、服务业等。

（2）合伙企业

合伙企业是指由各合伙人订立合伙协议，共同出资、共同经营、共享收益、共担风险，并对企业债务承担无限连带责任的营利性组织。合伙企业又分为普通合伙企业和有限合伙企业。

（3）公司制企业

公司制企业是指依照《中华人民共和国公司法》（以下简称《公司法》）规定设立的有限责任公司和股份有限公司，是以营利为目的的企业法人，是适应市场经济社会化大生产的需要而形成的一种企业组织形式。

企业作为以生产实践为基础的社会组织，有着多种属性与复杂形态。因此，还可以按照不同的标准，将企业划分为多种类型，见表 1—1—2。

表 1—1—2　　企业划分标准与类型

划分标准	企业类型
按企业组合方式划分	单一企业、经济联合体、企业集团、连锁企业
按企业所有制形式划分	国有企业、集体企业、私营企业、混合所有制企业
按企业行业性质划分	工业生产企业、商品经营企业、服务企业

认识企业

下面这些与我们工作和生活息息相关的大型企业，分属于不同类型。

沃尔玛——大型跨国销售企业

沃尔玛是一家美国的世界性连锁企业，主要经营零售业，以营业额计算为全球最大的公司，分布于全球15个国家，约8 500家门店，是世界上雇员最多的企业。2017年，沃尔玛以4 858亿美元的年营业额连续6年在美国《财富》杂志评出的世界500强企业中居首位。

苹果公司——市值最大的公司

苹果公司是美国一家高科技公司，由史蒂夫·乔布斯、斯蒂夫·沃兹尼亚克和罗·韦恩等人于1976年4月1日创立。苹果公司于1980年12月12日公开招股上市，2012年创下6 235亿美元的当年最高市值记录。截至2017年6月，苹果公司已经连续6年成为全球市值最大的公司。苹果公司在2017年世界500强企业排行榜中排名第9。

联想集团——工商一体化的跨国企业

联想集团是一家在信息产业内多元化发展的大型企业集团，是一家富有创新性的国际化科技公司。从1996年开始，联想计算机销售量一直位居中国国内市场首位；2005年，联想集团收购IBM PC事业部；2013年，联想计算机销售量升居世界第一，联想集团成为全球最大的PC生产厂商。

国家电网有限公司——最大的公用事业企业

国家电网有限公司是中央直接管理的国有独资公司，是我国关系国民经济命脉和国家能源安全的特大型国有重点骨干企业。公司经营区域覆盖27个省（自治区、直辖市），覆盖国土面积的88%以上，供电服务人口超过11亿人。公司连续13年获评中央企业业绩考核A级企业，2016—2017年蝉联美国《财富》杂志评出的世界500强企业第2位、中国500强企业第1位，是全球最大的公用事业企业。

二、企业管理概述

1. 企业管理的定义

企业管理是对企业生产经营活动进行计划、组织、指挥、协调和控制等一系列活动的总称，是社会化大生产的客观要求。在社会生产发展的一定阶段，一切规模较大的共同劳动，都或多或少地需要被指挥，以协调个人的活动。企业管理通过对整个劳动过程的监督和调节，使单个劳动服从生产总体的要求，以保证整个劳动过程按人们预定的目的正常进行。总的来说，企业管理就是尽可能利用企业的人力、物力、财力、信息等资源，实现多、快、好、省的目标，取得最大的投入产出效率。

2. 企业管理的内容

一般而言，企业管理的内容可以按照以下几种方式进行划分：

（1）按照管理对象划分，企业管理的内容包括：人力资源管理、项目管理、资金管理、技术管理、市场管理、信息管理、设备与工艺管理、作业与流程管理、文化制度与机制管理、经营环境管理等。

（2）按照成长过程和流程划分，企业管理的内容包括：项目调研—项目设计—项目建设—项目投产—项目运营—项目更新—项目二次运营—项目三次更新等周而复始的多个循环。

（3）按照职能或者业务功能划分，企业管理的内容包括：计划管理、生产管理、采购管理、销售管理、质量管理、仓库管理、财务管理、项目管理、人力资源管理、统计管理、信息管理等。

（4）按照层次划分，企业管理的内容包括：经营层面管理、业务层面管理、决策层面管理、执行层面管理、职工层面管理等。

（5）按照资源要素划分，企业管理的内容包括：人力资源管理、物料资源管理、技术资源管理、资金管理、市场与客户管理、政策与政府资源管理等。

3. 企业管理的发展阶段

企业管理的发展阶段是指企业在发展过程中的管理方法和手段的演变过程，通常划分为经验管理、科学管理、文化管理三个阶段，见表 1—1—3。

表 1—1—3　　企业管理的发展阶段

企业管理的发展阶段	特征
经验管理阶段（约 18 世纪末—20 世纪初）	企业规模比较小，管理工作由资本家个人执行，主要是控制人的行为，其特点是一切凭个人经验办事
科学管理阶段（20 世纪上半叶）	企业规模比较大，管理工作靠规章制度来执行，员工按企业的规章制度行事，在管理者的指挥下行动
文化管理阶段（20 世纪中期以后）	文化管理是在经验管理和科学管理的基础上，建立相应的以人为本的文化，通过人本管理来实现企业的目标

知识链接

科学管理理论

科学管理理论强调管理的根本目的在于提高效率。该理论体系主要包括以下内容：制定工作定额，选择最好的工人，实施标准化管理；实施刺激性的付酬制度，强调雇主与工人合作的“精神革命”；主张计划职能与执行职能分开，实行职能工长制，管理控制上实行例外原则。由于该理论体系是由美国人泰勒在 20 世纪初创建的，所以又被称为“泰勒制”。

4. 企业管理的职能

企业管理是管理领域的具体应用形式之一。企业管理实质上是一种手段，是实现企业运营目标，提高企业经济效益的工具。

企业管理的职能主要包括计划、组织、指挥、协调、控制等内容（见表 1—1—4）。企业只有具备这些基本功能，才能实行有效的管理，达到生产经营的最终目的。

表 1—1—4　　企业管理的职能及内容

企业管理职能	具体内容
计划	依据客户订单或根据市场调研的结果，制订年度、季度、月度或每旬、每周甚至每日的计划，编制年度、季度或月度的营销计划、设备检修计划、内部审核计划等，以指导和规范企业的各项生产经营活动

续表

企业管理职能	具体内容
组织	根据制订的计划把企业各部门、各环节、各要素、各方面科学合理地组织起来，形成一个协调的有机整体
指挥	作出决断，发布命令、指示，分派任务。统一和规范管理对象的行为和活动，使企业所有员工的行为服从于管理者的权威意志，以完成计划
协调	通过各个方面有效的沟通，使企业各部门活动、各方面工作协调统一，做到步调一致、整体平衡
控制	对企业的各项生产经营活动状况进行监控和检查，一旦发现与计划、目标或标准有不良偏差，就要及时查清原因，采取对策加以纠正，以实现目标

上述职能是相互联系和相互促进的。在管理中要协调好各个管理职能之间的关系，充分发挥各个管理职能的作用，以实现管理的目标。

5. 企业管理的基础工作

不同类型、不同规模的企业，其管理的基础工作也有所不同。一般而言，企业管理的基础工作主要包括以下内容。

（1）标准化工作

标准化工作主要是指企业技术标准、管理标准和工作标准的制定、执行和管理等工作。标准化有助于提高企业社会效益和经济效益，通过相应标准的制定，可大大减少企业具体生产、活动中的协调工作。

（2）定额工作

定额是企业在某种生产技术条件下，为了更加合理地利用生产资料，降低消耗，提高劳动效率而制定的各种耗用或占用标准，是对企业人、财、物消耗或占用的一种数量界限规定。

（3）计量工作

计量工作是指测试、检查、化验、分析等方面计量技术、器具、规则、要求的制定、运用和管理工作。

（4）信息工作

信息工作是指对于企业生产经营活动所需资料数据的收集、整理、传递和储存等工作。在现代社会中，由于计算机、网络、手机、闭路电视、电子眼等各种电子设备的广泛运用，信息的运动速度空前加快，这为企业收集、传递信息提供了有利条件。但是信息量过大也给信息整理增加了难度，因此，科学筛选和准确运用信息就成为信息工作的关键。

（5）规章制度

规章制度就是用文字形式，对企业各项管理工作和劳动作业等活动所作的规定，是每个员工工作的规范和准则，具有较强的约束力。根据实际需要建立健全各项规章制度是企业最重要的基础工作之一。

（6）员工培训

员工培训主要是指以提高职业素质为目的而对全体员工进行的基础教育和基本技能培训。员工培训之所以成为企业管理的基础工作，是因为员工职业素质的提高能有效地促进企业经营管理工作的执行。

课堂实战

目标任务

选择一家你所感兴趣的企业，查阅资料后做企业发展专题介绍。

方案设计

以小组为单位，每组自行选择一家企业，通过小组合作，收集资料并整理，选派一名学生代表进行专题介绍，其他小组交流讨论。

执行要领

1. 各小组成员要分工合作，注意收集资料的全面性，把握不同企业的个性特征和发展过程。

2. 各小组要整合所收集的资料，理清思路，确定专题介绍的侧重点。

3. 在讲述环节，各小组成员要尽量保证语言流畅、条理清晰，做好专题介绍工作。

交流讨论

1. 请你谈谈企业管理的职能。

2. 你觉得企业的发展和企业管理有何关系？

第二节　现代企业制度

【导读】

“春兰”的教训

1989年，江苏春兰制冷设备有限公司正式成立。此后一段时间，“春兰”牌空调的市场占有率不断攀升。根据国家统计局的市场统计结果，“春兰”牌空调连续8年（1990—1997年）全国产销量第一，累计销量超1 000万台，荣获“中国空调第一品牌”称号。

在稳坐“空调一哥”的位置后，“春兰”的野心一路膨胀，走上了轰轰烈烈的多元化转型之路。先是介入了家电行业的冰箱、电视、洗衣机等领域，随后又“杀入”风马牛不相及的摩托车、卡车、新能源汽车等机械行业。然而，多元化扩张过快让春兰公司出现了顾此失彼的问题，新业务还没能完全成长起来，曾经的支柱产业却不断下滑。2002年年报显示，春兰股份持股的江苏春兰摩托车有限公司、江苏春兰动力制造有限公司、江苏春兰机械制造有限公司、江苏春兰洗涤机械有限公司全部亏损。

【点评】

一个好的企业要实现持续发展，必须依靠良好制度的维系。从企业角度来说，这个制度就是现代企业制度，它的核心是资产结构，也称之为产权结构。解决了制度问题，企业的创新、经营管理的变革就会在制度的轨道上运行，就能以可靠的数据和信息为基础，实施科学管理，这也是一个企业追求卓越绩效必须具备的前提。

一、现代企业制度概述

1. 企业制度的定义

企业制度是企业产权制度、企业组织形式和经营管理制度的总和，是关于企业组织、运营、管理等一系列行为规范和模式的总称。企业制度大的方面包括企业的产权制度等，小的方面则包括岗位责任制等，其外延是极其广泛的。一般而言，完整的企业制度大体包括以下内容：

（1）企业资产具有明确的实物边界和价值边界，国有企业具有确定的政府机构代表国家行使所有者职能，切实承担起相应的出资者责任。

（2）企业通常实行公司制度，即有限责任公司和股份有限公司制度，按照《公司法》的要求，形成由股东代表大会、董事会、监事会和高级经理人员组成的相互依赖又相互制衡的公司治理结构，并有效运转。

（3）企业以生产经营为主要职能，有明确的营利目标，各级管理人员和一般职工按经营业绩和劳动贡献获取报酬，住房、养老、医疗及其他福利事业由市场、社会或政府机构承担。

（4）企业具有合理的组织结构，在生产、供销、财务、研究开发、质量控制、人力资源等方面形成行之有效的企业内部管理制度和机制。

（5）企业有着刚性的预算约束和合理的财务结构，可以通过收购、兼并、联合等方式谋求企业的扩展，经营不善难以为继时，可通过破产、被兼并等方式寻求资产和其他生产要素的再配置。

企业制度决定着企业的行为及其绩效。企业制度体系规定了企业的经营管理体制，从而决定了企业的各种经营管理行为。企业各种经营管理行为的成败和效率，最终决定了企业的整体绩效。

2. 现代企业制度的定义

现代企业制度是以市场为导向，以完善的企业法人制度为主体，以有限责任制度为核心，适应社会化大生产和经济全球化的一套科学的企业组织制度和管理制度。现代企业制度包括企业的产权制度、组织制度、领导制度、管理制度、财务会计制度、企业法人治理制度、人力资源管理制度，以及处理企业与各方面关系的行为准则和行为方式。

一般来说，现代企业必须具备这样一些特征：拥有现代先进技术，股权结构呈分散化和多元化，所有权与经营权分离，拥有现代化的管理手段，具有较大的规模、实力和较强的成长能力。

现代企业制度的典型形式是公司制。《公司法》里只规定了两种公司形式，即有限责任公司和股份有限公司，见表 1—2—1。

表 1—2—1 公司形式

公司形式	定义
有限责任公司	有限责任公司是指根据《中华人民共和国公司登记管理条例》规定登记注册，由五十个以下的股东共同出资，每个股东以其所认缴的出资额对公司承担有限责任，公司以其全部资产对其债务承担责任的经济组织。有限责任公司包括国有独资公司和其他有限责任公司
股份有限公司	股份有限公司是指所有注册资本由等额股份构成并通过发行股票（或股权证）筹集资本的企业法人。其主要特征是：公司的资本总额分为若干等额股份；每一股有相应的表决权，股东以其持有的股份享受权利、承担义务，公司以全部资产对公司的债务承担责任。上市公司都属于股份有限公司

3. 现代企业制度的特征

（1）产权清晰

在现代企业制度的典型形式——公司制企业中，其产权关系清晰主要表现在有效地实现了出资者所有权与企业法人财产权的分离上。具体来说：

1）企业资产的所有权属于出资者，企业中的国有资产所有权属于国家。出资者按其投入企业的资本额享有所有者权益，包括资产收益权、重大决策权和选择管理者的权利等。

2）企业拥有出资者投资形成的全部法人财产权，成为享有民事权利、承担民事责任的法人实体。作为独立的法人，企业以其全部法人财产依法自主经营、自负盈亏、照章纳税，对出资者承担资产保值、增值的责任。作为独立的市场竞争主体，企业资不抵债并扭亏无望时，依法破产，解体淘汰。

知识链接

产 权

产权是所有权中分离出来的动态财产关系，即财产在市场交易中的支配权；而所有权只体现一种相对稳定的静态财产关系，即财产的归属以及与这种归属相关的利益要求权。这样，传统的所有权就分解为现在的所有权、产权、经营权，这三者共同构成企业经营机制。正是基于这一思路，20世纪90年代初，国企改革提出了“产权清晰、权责明确、政企分开、管理科学”的十六字方针。国企改革的方向定位为建立现代企业制度，产权清晰则成为改革的关键。

（2）权责明确

在现代企业制度下，企业的权利是运用全部法人财产依法自主经营、自负盈亏、自我积累、自我发展，具有独立的法人地位。企业的责任是对国家照章纳税，对出资者保值、增值。企业的责任是一种有限责任，企业以其全部法人财产为限，对其债务承担有限责任。

知识链接

“抽屉式”管理

近年来，香港的大中型（集团）企业普遍实行“抽屉式”管理方式。这种管理方式使企业内部分工明确，职责权限清晰，大大提高了企业管理的效率。“抽屉式”管理是指在每个管理人员办公桌的抽屉里，都有一个明确的职务工作规范，既不能有职无权，也不能有责无权，更不能有权无责，必须职、责、权、利相结合。进行“抽屉式”管理，能理顺企业内部各个职务的主要责任、权力、利益，明确各个职务之间的分工和协作关系，同时可以有针对性地进行人员的培养，以达到人与事的合理配合。

（3）政企分开

政企分开既是现代企业制度的重要特征，又是建立现代企业制度的基本条件。实现政企分开，就是在政府所有权职能中把资产的管理职能与资产的营运职能分开；在资产的营运职能中，把资本金的经营与财产的经营分开。

案例阅读

政企不分的后果

20 世纪 90 年代，某省汽车公司作出了“生产百万辆汽车”的战略部署。该省省委、省政府认为振兴全省汽车产业的大好时机来了，于是将原省汽车工业总公司改组为省汽车集团公司，并授予其全省汽车工业行业管理职能，集团总经理既是企业负责人，又是政府官员。根据省政府的要求，要把集团办成一个既有自己的名牌整车，又为汽车公司提供零配件，既积极占领国内配件市场，又全力参与国际市场竞争的多功能、外向型的特大型企业集团。集团初见效益的同时，政府的“政治任务”也来了，各种“苛捐杂税”增多，企业正当权益难以得到保障。省政府同时要求集团采取强吞弱、强强联合或股份制的形式兼并、重组省内一批整车及零部件企业。几年时间过去了，这些被兼并的企业大多数经营困难，个别企业甚至资不抵债，集团也面临“解散”。

政企分开的基本解释可以归纳为：确立国家与国有企业之间的正确关系，明确政府和企业在社会经济体制中的不同地位，在经济运行中实行国有资产所有权与经营权分离，使企业成为自主经营、自负盈亏、自我发展、自我约束的法人实体和市场竞争主体。简言之，政企分开就是把政府和企业分开，主要包括以下三方面的内容：

一是政府与企业的社会职责分开。政府的社会职责是对国家和社会公共事务进行有效的管理；而企业的社会职责是依照国家法律和市场规则，以最少的投入向社会提供最多最好的产出。

二是企业所有权与经营权分开。按照公司法人治理结构，企业的资产所有权和生产经营权的行使主体应当是分离的，股东会、董事会、监事会和经理层，要各负其责、协调运转、有效制衡。

三是政府国有资产所有者职能与行政职能分开。在政府内部，国有资产所有者职能与行政职能必须分开，同一政府机构不能既承担国有资产所有者职能又承担行政职能。

政企分开，能充分发挥政府宏观调控的职能，实现经济的长期、稳定、快速、健康增长；而企业也会摆脱一些不必要的束缚，在市场经济中依靠价值规律的作用，不断提高劳动生产率，增强经济效益。

（4）科学管理

现代企业的另一个显著特征是科学管理。在制度与组织机构上，企业的权力机构与监督机构、决策机构与执行机构之间相互独立、权责明确，并相互制约。企业的所有者、经营者与劳动者之间的关系得以合理调节，形成激励和约束相结合的调控机制。

案例阅读

麦肯锡的科学管理

麦肯锡公司是世界领先的全球性管理咨询公司，致力于解决企业重大管理问题，为客户提供一流的咨询服务。

麦肯锡在八十多年的管理咨询实践过程中，积累了丰富的对应于不同时代以及不同类型企业的管理咨询方法、经验和标准，形成了一个巨大的信息资源数据库，并且随时补充新的内容。在麦肯锡资源数据系统中，每个员工都可以分享和获取不同时代的经验、案例，这让每一位麦肯锡的员工都能尽快从中找到最合适、最高效的方法来解决企业问题，从而为客户提供更好的服务。

二、现代企业的组织结构

组织结构是组织的全体成员为实现组织目标，在管理工作中进行分工协作，在职务范围、责任、权利方面所形成的结构体系。组织结构是支撑企业生产、技术、经济及其他活动的载体，是企业的“骨骼”系统。没有组织结构，企业的一切活动就无法正常、有效地进行。企业不同，所处的环境不同，组织结构的形态也有所不同。而不同的组织结构形态，适应于一定的环境，有其长处，也有其短处。所以，要根据实际条件，在分析各种组织结构利弊的基础上合理选择。

根据机构设置原理，企业的组织结构大致有以下五种。

1. 直线制组织结构

直线制组织结构是最早也是最简单的一种组织结构。它的特点是企业各级行政单位从上到下实行垂直领导，下属部门只接受一个上级的指令，各级主管负责人对所属行政单位的一切问题负责，管理职能基本上都由主管负责人自己执行，不另设职能机构（可设职能人员协助主管负责人工作）。直线制组织结构只适用于规模较小、生产技术比较简单的企业，对生产技术和经营管理比较复杂的企业并不适用。直线制组织结构如图 1—2—1 所示。

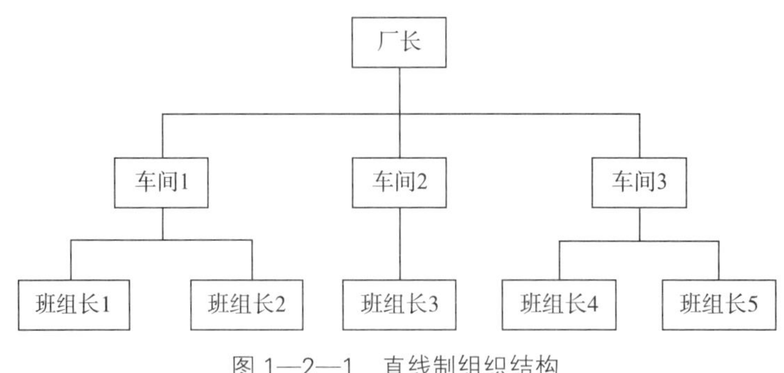

图 1—2—1　直线制组织结构

直线制组织结构的优缺点如下：

（1）优点：结构简单，权责明确，权力集中，决策迅速，工作效率高，管理费用低。

（2）缺点：管理者事务繁重，管理方式简单粗放，成员之间和组织之间横向联系差。

2. 职能制组织结构

职能制组织结构是按职能来组织部门分工，即企业从高层到基层，均把承担相同职能的人员组合在一起，设置相应的管理部门和管理职务。例如，把所有同财务有关的业务人员集中起来，成立财务部门，由财务领导主管全部财务工作。职能制组织结构适用于劳动密集型、重复劳动的大中型企业。职能制组织结构如图 1—2—2 所示。

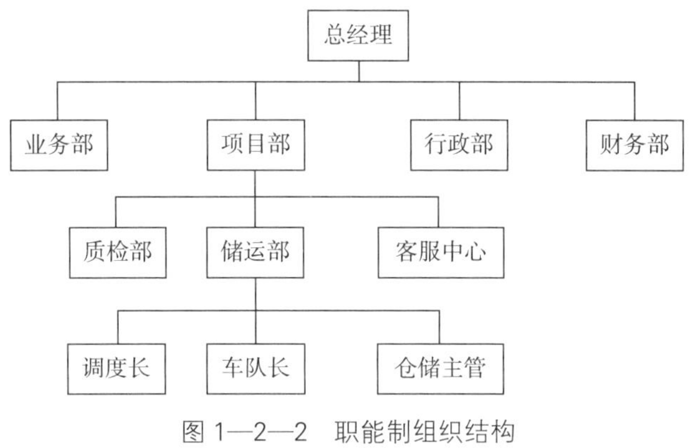

图 1—2—2 职能制组织结构

职能制组织结构的优缺点如下：

（1）优点：按职能划分部门，职责明确；各部门和各类人员实行专业化分工，可以高效率地从事标准化、专业化活动；管理权力高度集中，命令统一；每一个管理人员都固定地归属于一个职能结构，这就使整个组织系统有较高的稳定性。

（2）缺点：高度的专业化分工以及稳定性使各职能部门的眼界相对狭窄，员工往往片面强调本部门工作的重要性，缺乏横向部门间的有效沟通，适应环境变化的能力较弱。

3. 直线—职能制组织结构

直线—职能制组织结构也叫生产区域制或直线参谋制组织结构。它是在直线制组织结构和职能制组织结构的基础上，取长补短，吸取这两种形式的优点而建立起来的。目前，绝大多数企业都采用这种组织结构。直线—职能制组织结构是把企业管理机构和人员分为两类，一类是直线领导机构和人员，按统一原则对各级组织行使指挥权；另一类是职能机构和人员，按专业化原则从事组织的各项职能管理工作。直线领导机构和人员在自己的职责范围内有一定的决定权和对所属下级的指挥权，并对自己部门的工作负全部责任。而职能机构和人员，则是直线领导机构的参谋，不能对直接部门发号施令，只能进行业务指导。在直线—职能制组织结构下，下级部门既受上级部门的管理，又受同级职能管理部门的业务指导和监督。直线—职能制组织结构适用于中等规模企业，其组织结构如图1—2—3 所示。

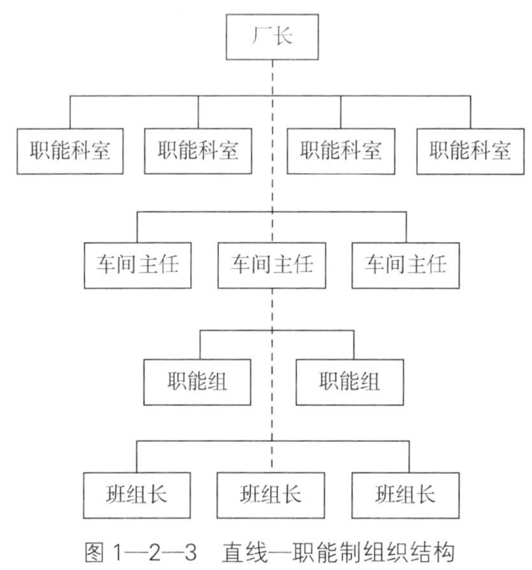

图 1—2—3　直线—职能制组织结构

直线—职能制组织结构优缺点如下：

（1）优点：它既保持了直线制组织结构集中统一指挥的优点，又吸收了职能制组织结构分工细密、注重专业化管理的长处，从而有助于提高管理工作的效率。

（2）缺点：属于典型的“集权式”结构，权力集中于最高管理层，下级缺乏必要的自主权；各职能部门之间的横向联系较差，容易脱节和产生矛盾，特别是对于需要多部门合作的事项，往往难以确定责任的归属；信息传递路线较长，反馈较慢，难以适应环境的迅速变化。

4. 矩阵制组织结构

矩阵制组织结构是按职能划分的纵向指挥系统与按产品、项目组成的横向系统结合而成的二维管理组织。矩阵制组织结构就是一方面服从项目的管理，一方面服从企业各个职能部门的管理，形成矩阵，适用于一些重大攻关项目，如涉及面广的、临时性的、复杂的重大工程项目或管理改革任务等，还特别适合于研发型企业、软件企业、工程企业等。矩阵制组织结构如图 1—2—4 所示。

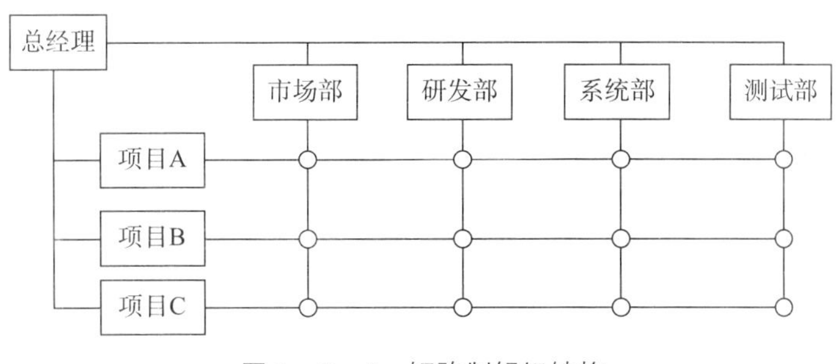

图 1—2—4　矩阵制组织结构

矩阵制组织结构优缺点如下：

（1）优点：将企业的横向与纵向关系相结合，有利于协作生产；针对特定的项目和任务进行人员安排，有利于发挥个体优势，集众家之长，提高项目完成的质量，提高效率；各部门人员的不定期组合有利于信息交流，增加互相学习的机会，提高专业管理水平。

（2）缺点：由于项目组成人员来自各个职能部门，当任务完成以后，仍要回原部门，因而容易产生临时观念，导致责任心不强；人员受双重领导，有时不易分清责任。

案例阅读

IBM 的部门划分

IBM 是一个大型的公司，很自然要划分部门。单一地按照区域、业务职能、客户群体、产品或产品系列等来划分部门，在企业里是非常普遍的现象，从前的 IBM 公司也不例外。后来，IBM 公司采取了矩阵制组织结构形式。也就是说，IBM 公司把多种划分部门的方式有机地结合起来，其组织结构形成了“活着的”立体网络——多维矩阵。IBM 公司既按地域分区，如亚太区、中国区、华南区等，又按产品体系划分事业部，如个人计算机、服务器、软件等事业部；既按照银行、电信等行业划分，也按照销售、渠道、支持等不同的职能划分。所有这些纵横交错的部门划分有机地结合成为一体。对于这个矩阵中的某一位员工而言，他既是 IBM 公司地域分区中的一员，又是 IBM 公司某个产品体系中的一员，当然还可以按照另外的标准把他划分在其他的部门里。

5. 事业部制组织结构

事业部制是指以某个产品、地区或客户为依据，将相关的研究开发、采购、生产、销售等部门结合成一个相对独立的单位的组织结构形式，也叫多部门结构、产品部式结构或战略经营单位。它表现为在总公司领导下设立多个事业部，各事业部有各自独立的产品或市场，实行自主经营和独立核算。事业部制组织结构是一种分权式管理结构，适用于产业多元化、品种多样化、各有独立的市场而且市场环境变化较快的大型企业，是国外较大的联合公司通常采用的一种组织形式，我国一些大型企业集团或公司也实行这种组织结构形式。事业部制组织结构如图 1—2—5 所示。

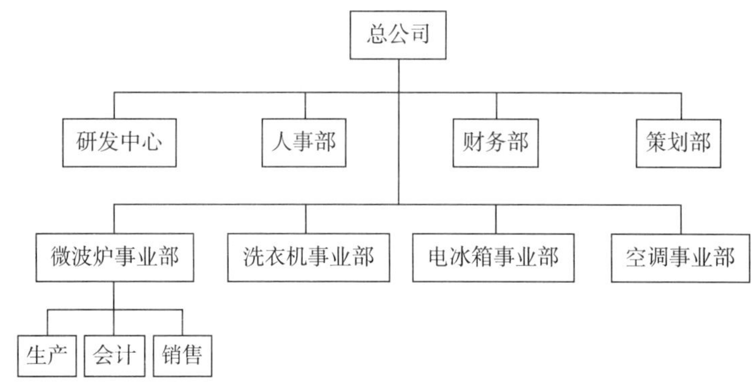

图 1—2—5　事业部制组织结构

事业部制组织结构的优缺点如下：

（1）优点：每个事业部都有自己的产品和市场，能够规划其未来发展，也能灵活自主地顺应市场变化，所以，这种组织结构既有高度的稳定性，又有良好的适应性。具体表现在：总公司领导可以摆脱日常事务，集中精力考虑全局问题；事业部实行独立核算，提高了经营管理的积极性，更利于组织专业化生产和实现企业的内部协作；各事业部之间的竞争有利于企业的发展；事业部内部的供、产、销之间容易协调，不像在直线制组织结构下需要高层管理部门过问。

（2）缺点：公司与事业部的职能机构重叠，造成管理人员浪费，一定程度上增加了费用开支；由于各事业部利益的独立性，容易滋长本位主义。

案例阅读

花旗银行的组织结构

花旗银行现有的组织结构源自2002年的业务重组，中心内容是细分市场，围绕客户需求寻求产品、地域之间的平衡。花旗银行业务被划分为环球消费金融业务、新兴市场和公司业务、投资银行业务、环球财务管理业务、资产管理和选择性服务业务等，所有业务被进一步划分到全球的北美、亚太、拉美、中东、欧洲和非洲等区域。花旗银行按产品划分的业务部门实质采取的是事业部制组织结构形式，由具备相应专业知识和从业背景的专业人员负责相应业务线的管理。而各分支机构则偏重于协调花旗银行的各项产品融入当地市场。

三、现代企业的领导制度

领导制度是指企业工作机构的设置和企业最高权力的划分、归属、制衡和运行制度。也就是企业有哪些权力，每一种权力由谁掌管，掌管者向谁负责，如何行使其权力以及各种权力之间的相互关系等。

企业的决策权、指挥权和监督权构成了现代企业领导制度的核心内容，而这三种权力的分合、归属既要反映生产力的要求，又要符合国家政治体制和经济体制的要求。

1. 厂长（经理）负责制

厂长（经理）负责制是我国国有企业普遍实行的，以厂长（经理）作为企业的主要负责人和法人代表，对企业的全部经济活动负全责的现代企业领导制度。在厂长（经理）负责制下，厂长（经理）全面领导企业的生产经营管理工作，依照国家的各项法律、法规，有权决定企业的生产经营计划、机构设置、人事任免，以及作出各项经营管理中的决策。

实行厂长（经理）负责制，要健全和完善职工代表大会制度，切实保障职工参加企业民主管理的权利，发挥职工在企业管理中的参与和监督作用。

2. 公司制领导制度

公司制企业是现代企业的重要组织形式，其领导制度为公司董事会领导下的总经理负责制。这种制度按照决策权、经营权、监督权相互分离、相互制约的原则，依据公司章程，由股东大会、董事会及执行机构、监事会组成公司领导体系，如图 1—2—6 所示。

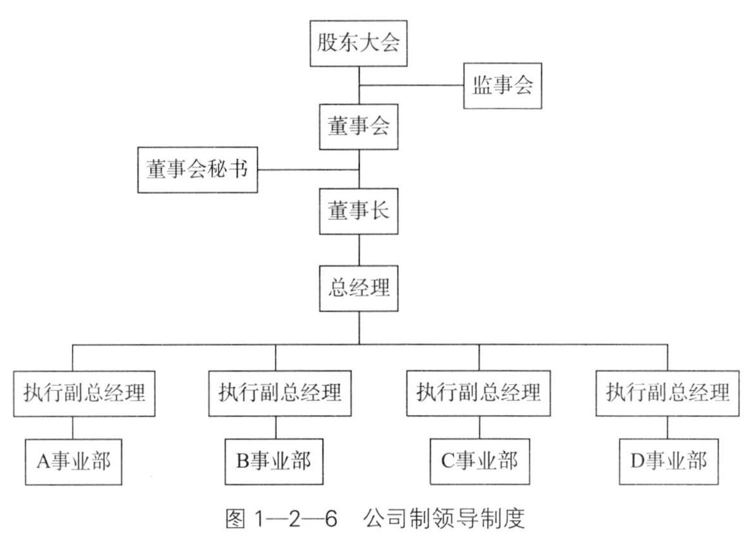

图 1—2—6　公司制领导制度

股东大会代表资产所有者行使重大问题的决策权，董事会及其执行机构行使执行权，监事会行使监督权。

（1）股东大会

股东大会由全体股东组成，是由股东参与公司重大决策的一种组织形式，是股份公司的最高权力机关，是股东履行责任、行使权力的机构与场所。公司每一起重大的人事任免和重大决策都要得到股东大会的认可和批准方可生效。

（2）董事会及其执行机构

董事会是依照有关法律、行政法规和政策规定，按公司或企业章程设立并由全体董事组成的业务执行机构，负责公司业务经营活动的指挥与管理，对公司股东大会负责并报告工作，由董事会选出的董事长、常务董事具体执行。董事长为公司法人代表，全权代表公司。董事会聘任总经理，全面负责公司工作，直接向董事会负责。

（3）监事会

监事会是公司内部的专职监督机构，其基本职能是监督公司的一切经营活动。监事会由股东和适当比例的公司职工代表组成，对股东大会负责。监事会依法按照公司章程对董事会和总经理行使职权的活动进行监督，防止滥用职权的行为发生。其监督具有如下特点：一是监事会具有完全独立性，监事会一经股东大会授权，就完全独立地行使监督权，不受其他机构的干预，董事、高级管理人员不得兼任监事；二是监事个人行使监督职权具有平等性，所有监事对公司的业务和账册均有平等的无差别的监督权。

课堂实战

目标任务

选择一家你所熟悉或者感兴趣的企业，对其组织结构进行分析与解说。

方案设计

以小组为单位，每组自行选择一家企业进行走访、参观或网络搜索，分析其组织结构并探究内因，选派一名学生代表进行解说，其他小组交流讨论。

执行要领

1. 任课教师要提前与相关企业进行联系对接，帮助各小组落实好参观企业事宜。

2. 各小组要分工合作，提前做好参观内容的规划，把握侧重点。

3. 教师要对学生进行安全教育，在参观过程中，各小组应遵循企业相关规章制度并做好参观记录。

交流讨论

1. 请你谈谈参观企业时印象最深刻的事件。

2. 请你讲述所参观企业的组织结构，并分析这种组织结构的优势。

思考与练习

一、简答题

1. 企业的定义是什么？

2. 企业管理的职能有哪些?

3. 什么是企业制度?

4. 现代企业制度的特征是什么?

5. 公司监事会的监督特点有哪些?

二、案例分析题

案例:

冯经理是一个有技术、有能力的工程师，拥有一家自己创办的小型企业，企业的所有经营管理问题完全由他一人说了算。由于产品适销对路，经营用心，企业越办越红火，逐步发展壮大。

最初几年，企业产品单一，机构简单，人员较少，管理费用低，所以企业运作良好。现在，企业已形成了五种稳定的产品，员工发展到近百人。随着企业规模的扩大，市场环境的日趋复杂，经营管理的工作量猛增。冯经理是企业唯一的技术人员，又是企业的管理者，他既要进行产品开发，又要负责企业的生产、产品质量、运输与保管、财务运转、客户联系等工作，忙得不可开交，因此，工作上出现了漏洞，企业效益开始下滑。

问题:

1. 该企业现在实行的是哪种组织结构形式?

2. 你认为冯经理应该改变这种组织结构形式吗? 如果要改，你建议改成何种形式?

3. 请分析组织结构形式改变后企业可能产生的变化。

第二章　现代企业资源管理

处在激烈竞争环境中的企业要保持生存和持续发展，必须对其所拥有的资源进行合理配置并加以有效地运用，以便用最少的资源耗费，生产出最适用的产品和提供最好的服务，以获取最佳的效益，这就是现代企业资源管理。

学习目标

1. 了解企业人力资源管理、财务管理、物流管理和信息管理的定义以及相关的功能、目标和原则

2. 掌握企业人力资源管理、财务管理、物流管理和信息管理的内容

3. 了解企业在生产经营活动中进行组织、计划、指挥、监督和调节的过程，掌握企业资源管理的方法

第一节　人力资源管理

【导读】

高工资与高效率

A公司是一家生产电信产品的公司。在创业初期，总经理黄某和几位志同道合的朋友，从早到晚拼命干，公司发展迅速。几年之后，员工发展到几百人，业务收入发展到每月上千万。企业大了，人也多了，但黄某明显感觉到，大家的工作积极性越来越低，也越来越计较。

黄某经过认真思考，认为造成员工工作积极性下降的原因是在公司的薪酬制度上。公司在创业期时，员工工资较低，福利上也差些，业务拓展以后，大家的工作量都大大增加，却只拿原来的工资，自然会有想法。为了提高员工的工作积极性，吸引高素质人才的加盟，A公司重新制定了薪酬制度，大幅度提高了员工的工资。

高薪的效果立竿见影，公司业务随之有了较快的进步。员工都很满意，工作十分卖力，还吸引了一大批有才华、有能力的人。但让黄某没想到的是，这种好势头持续不到半年，大家又慢慢回复到懒洋洋、慢吞吞的工作状态了。

【点评】

提高工资有利于激发员工的工作热情，但实践证明，物质所起到的激励作用具有短时性，物质奖励并非总是行之有效的激励方法。由此可见，只有制订一个良好、稳固的人力资源管理计划，才能吸引和留住人才，才是促进企业发展的关键。在现代企业中，越来越多的企业开始运用科学的人力资源管理手段进行员工管理。

一、人力资源管理的定义

人力资源管理是指通过招聘、甄选、培训、报酬等管理形式对组织内外相关人力资源进行有效运用，满足企业当前及未来发展的需要，保证企业目标实现与成员最大化发展的一系列活动的总称。

二、人力资源管理的功能

人力资源管理的功能是指人力资源管理自身所具备的作用。一般而言，人力资源管理的功能主要体现在五个方面：获取、整合、保持、评价、发展，具体见表 2—1—1。

表 2—1—1　人力资源管理的功能和内容

功能	具体内容
获取	根据企业目标确定所需员工条件，通过规划、招聘、考试、测评、选拔，获取企业所需人员
整合	通过企业文化的建立、信息的有效沟通、人际关系的和谐、矛盾冲突的化解等有效整合，使企业内部个体和群体的目标、行为、态度趋向企业的要求和理念，使之形成高度的合作与协调，发挥集体优势，提高企业的生产力和效益
保持	通过薪酬、考核、晋升等一系列管理活动，保持员工的积极性、主动性、创造性，维护劳动者的合法权益，为员工创建安全、健康、舒适的工作环境，以增强员工满意感
评价	对员工工作成果、劳动态度、技能水平以及其他方面作出全面考核、鉴定和评价，为作出相应的奖惩、升降、去留等决策提供依据
发展	通过员工培训、职业生涯规划与开发，促进员工知识、技能和其他方面素质的提高，使其劳动能力得到增强和发挥，最大限度地实现其个人价值和对企业的贡献，达到员工个人和企业共同发展的目的

三、人力资源管理的内容

人力资源管理是企业运用现代管理方法，对人力资源的获取（选人）、整合（育人）、保持（留人）和发展（用人）等方面所进行的计划、组织、指挥、控制和协调等一系列活动，具体内容如图 2—1—1 所示。

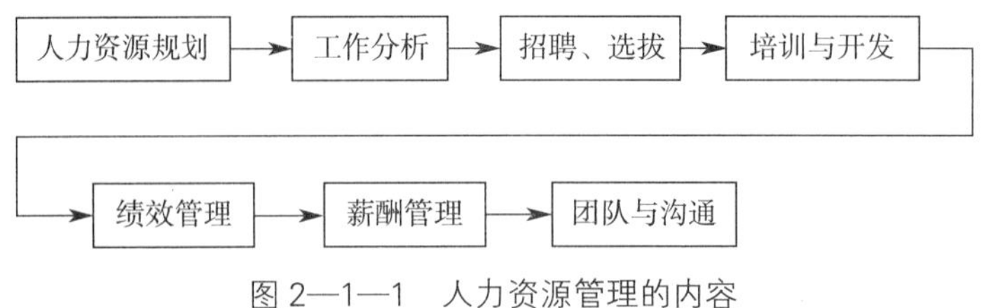

图 2—1—1 人力资源管理的内容

1. 人力资源规划

人力资源规划是企业发展战略的重要组成部分，也是企业人力资源开发与管理各项职能活动的起点和依据。

人力资源规划是预测未来的组织任务和环境对组织的要求，以及为了完成这些任务和满足这些要求而设计的提供人力资源的过程。它的实质是依据组织的发展战略、发展方向，并在此基础上确定组织需要什么样的人力资源，需要多少人力资源来实现组织发展战略目标。

简而言之，人力资源规划就是对组织中的“人事流”从战略上加以规划和管理，确定出企业在什么时候需要人，需要多少人，需要什么样的人。

案例阅读

老张的烦心事

老张是以生产医药产品为主的某集团人力资源部总经理。虽然他从事人力资源管理工作已经多年，但是最近接二连三发生的事情却让他一筹莫展。

该集团人力资源部 4 月刚刚结束了相关岗位的招聘工作。5 月 18 日，研发部提交了引进 10 名医药研发专员的申请报告；5 月 26 日，销售部提交了引进 2 名区域经理助理和 8 名业务拓展员的申请；6 月 1 日，财务部要求人力资源部提前一个月对正在公司实习的 12 名应届高校毕业生进行非财务知识方面的培训；6 月 2 日，生产部 2 名主管离职，生产部经理临时要求新人接班；6 月 11 日，老张又获悉公司刚刚验证通过了 3 种极具市场潜力的新产品，并且已经签订了几份大订单，预计公司的销售额在 2 年内会增长 33%。

面对不断变化的人员需求，老张决定和人力资源部员工尽快制订一份公司人力资源五年计划，以适应公司的发展和应对公司各个部门的需要。经过研究，老张和同事们制订了一个系统完善的人力资源计划，根据公司的经营状况和公司文化、公司总体战略，建立相应的人力资源政策信息支持系统，为进一步开展好公司的人力资源工作夯实了基础。

人力资源规划的主要任务包括两个层次，即总体规划和各项业务规划。

总体规划是指有关计划期内人力资源开发利用的总目标、总政策、实施步骤及总预算的安排等。

各项业务规划包括配备计划、退休解聘计划、补充计划、使用计划、培训开发计划、职业计划、绩效与薪酬计划、劳动关系计划等，见表 2—1—2。

表 2—1—2 人力资源管理的业务规划

规划项目	主要内容	预算内容
总体规划	人力资源管理的总目标和配套政策	预算总额
配备计划	中长期内不同职务、部门或工作类型的人员分布情况	人员总体规模变化而引起的费用变化
退休解聘计划	因各种原因离职的人员情况和其所在的岗位情况	安置费
补充计划	需要补充人员的岗位、数量，对人员的要求	招聘、选拔费用
使用计划	人员晋升政策、晋升时间，轮换工作的岗位情况、人员情况和轮换时间	职位变化引起的薪酬、福利等支出的变化
培训开发计划	培训对象、目标、内容、时间、地点、教师等	培训投入和脱产受训员工的工资费用
职业计划	骨干人员的使用和培养方案	（含在培训开发计划中）
绩效与薪酬计划	个人及部门的绩效标准、衡量方法、薪酬结构、工资总额、工资关系、福利项目以及绩效与薪酬的对应关系等	薪酬的变动额
劳动关系计划	减少和预防劳动争议、改进劳动关系的目标和措施	诉讼费及可能的赔偿

2. 工作分析

工作分析又称职位分析、岗位分析，是指对组织各个岗位的设置目的、工作性质、任务、职责、权利和隶属关系、工作条件和环境，以及员工承担该职位工作所需的资格条件等进行系统的分析和研究，并制定出工作说明书和工作规范的系统过程。

工作分析是整个人力资源管理系统构建的基础和根本，工作分析由工作描述和工作说明书两部分组成：工作描述是对企业内各职位所要从事的工作内容和承担的工作职责进行清晰明确的界定；工作说明书是确定各职位所要求的任职资格，如学历、经验、年龄、知识与技能等。

3. 招聘、选拔

招聘、选拔是组织根据战略目标和人力资源规划，从组织内部和外部选拔优秀人才，并进行内部合理配置的过程。

案例阅读

英特尔公司和微软公司的不同招聘流程

从选拔手段来说，英特尔公司遵循着较为传统和常规的招聘方法，采取“初步面试——标准化心理测试——模拟测验”的结构化面试流程。这种招聘流程能够获得对应聘者较为客观、准确、全面和丰富的信息，从而有助于公司管理人员作出理智而准确的判断。同时，它还对应聘者的综合能力提出了很高的要求，评判的一个重点在于应聘者的发展潜力、胜任特征和解决实际问题的能力，且对员工相对长期的慎重考察也有利于公司选拔出最适合的员工。但是，这一流程最大的缺点在于较为刻板，灵活性较差，流程较为复杂，需要处理的应聘者信息也较多，选拔成本较高。此外，英特尔公司在初步面试中给应聘者打分的项目在一定程度上有失公平。

微软公司则只重视应聘者在面谈测试中的表现，省去了许多常规的流程。在面试过程中注重的是对应聘者创造性和可塑性的考察，多采用一些开放性、创新性的问题，考察应聘者的思考方式和逻辑思维能力，且对员工持续学习新知识的能力提出了较高的要求。这种招聘流程较为灵活，招聘成本也相对较低。这一流程的缺点在于相对来说较为随意，面试官与应聘者面对面交流虽然能够加深其对应聘者的了解，但是效果有限，很难仅通过一场面试就能够较为全面地了解应聘者的情况，这不利于公司选拔出真正适合企业需求的员工。

企业招聘渠道通常有报纸、电视、广播、供需见面会、专场招聘会、网络招聘、员工推荐等。招聘流程如图 2—1—2 所示。

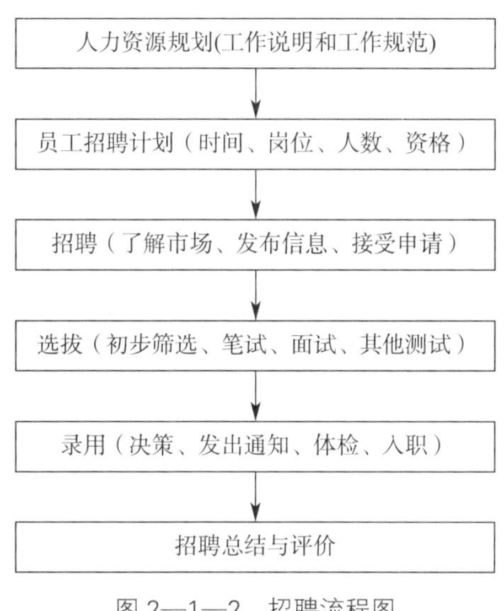

图 2—1—2 招聘流程图

4. 培训与开发

员工的培训与开发是指企业通过各种方式让员工具备现在或将来工作所需要的知识、技能、经验等，并改变他们的工作态度和价值观，以提升其未来在岗位上的工作绩效水平，并最终实现员工与企业共同成长和进步的一种计划性和连续性的活动。它是企业人力资源管理与开发的重要内容，关系到企业战略发展和企业员工职业生涯发展。

员工培训与开发是一项系统工程，它基于两个理念：一是企业战略与经营目标对人力资源的要求，二是员工的职业生涯发展需要。从这两个理念出发，员工的培训与开发可以分为四个步骤：培训与开发的需求分析、培训与开发计划的拟订、培训与开发计划的实施、培训与开发的效果评估。

因此，做好员工培训必须做到以下几方面：①做好培训需求分析；②尽量设立可衡量的培训目标；③了解员工对培训的需求和建议；④将培训与加薪、晋升、持证上岗结合起来，使培训具有真正的意义；⑤为员工提供体现价值的机会。

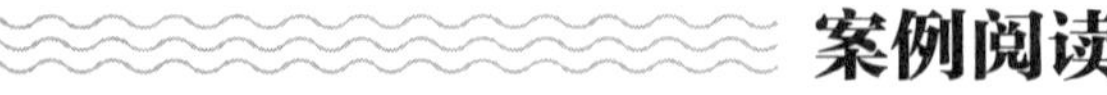

案例阅读

高额培训费买来的教训

某机械公司新上任的人力资源部王经理，在一次研讨会上获得了一些他自认为不错的其他企业的培训经验，于是，会后马上向公司提交了一份全员培训计划书，培训的目的是提升全体员工的计算机水平。不久，该计划书获得了批准。王经理便踌躇满志地组织了公司全体人员进行为期一周的脱产计算机培训。为此，公司还专门下拨十几万元的培训费。可一周的培训结束，除办公室的几名员工和45岁以上的几名中层干部觉得有所收获外，其他员工要么觉得收效甚微，要么觉得学而无用，有的员工甚至认为这次培训是新官上任点的一把火，是在花单位的钱往自己脸上贴金！王经理则感到委屈：辛苦组织的员工培训怎么未获得理想效果呢?

后来经过分析，他发现了本次培训中存在的一些问题，主要有：①培训与需求严重脱节；②培训对象层次不清；③忽略了最重要的评估环节，对培训效果（包括反应层面、学习层面、行为层面和结果层面）的评估不清晰。正是这些问题，导致公司花费了高额的培训费用却收效甚微。

5. 绩效管理

绩效管理是指管理者与员工之间在制定目标与如何实现目标上达成共识的过程，以及促使员工成功达到目标的管理方法和促进员工实现优异绩效的管理过程。

绩效管理的目标在于提高员工的能力和素质，改进与提高组织的绩效水平。

绩效管理是个完整的系统，也是一个循环过程，一般分为五个步骤，即绩效计划、绩效沟通、绩效考核、绩效反馈以及绩效结果运用，如图 2—1—3 所示。

6. 薪酬管理

薪酬管理是在组织发展战略指导下，对员工薪酬支付原则、薪酬策略、薪酬水平、薪酬结构、薪酬构成进行确定、分配和调整的动态管理过程。

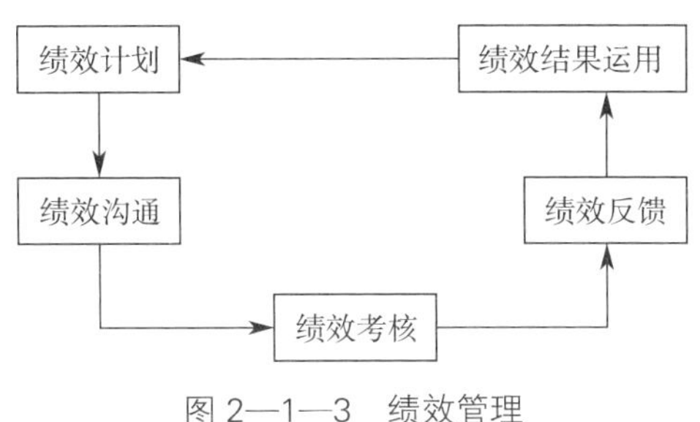

图 2—1—3　绩效管理

薪酬是指员工向其所在单位提供所需要的劳动而获得的各种形式的补偿，是单位支付给员工的劳动报酬。薪酬包括货币性薪酬和非货币性薪酬。

货币性薪酬包括直接货币薪酬、间接货币薪酬和其他货币性薪酬。其中，直接货币薪酬包括工资、福利、奖金、奖品、津贴等，间接货币薪酬包括养老保险、医疗保险、失业保险、工伤保险、住房公积金等，其他货币性薪酬包括有薪假期等。

非货币性薪酬包括工作、社会和其他方面。其中，工作方面包括工作成就、工作中的挑战性和责任感等，社会方面包括社会地位、个人成长、实现个人价值等，其他方面包括友谊关怀、舒适的工作环境、弹性工作时间等。

概括来讲，薪酬分配有五种基本模式：基于岗位的薪酬模式、基于绩效的薪酬模式、基于技能的薪酬模式、基于市场的薪酬模式、基于年功的薪酬模式。

7. 团队与沟通

团队是指由员工和管理层组成的一个共同体，它合理利用每一个成员的知识和技能协同工作、解决问题，达到共同的目标。

团队的构成要素总结为“5P”，分别为目标（Purpose）、人（People）、定位（Place）、权限（Power）、计划（Plan）。

目标：团队应该有一个既定的目标，为团队成员导航，知道要向何处去。

人：人是构成团队最核心的力量，3 个（包含 3 个）以上的人就可以构成团队。

定位：定位是指团队如何与现有组织结构相结合。

权限：权限主要是指团队的职责和职权范围。

计划：计划是指一个团队内部如何分配职责和权限。

每一个企业都有自己的核心团队，如何让每个人都能在团队中成长，共同完成团队的目标，则需要掌握一些必要的沟通技巧。

四、人力资源管理的特点

现代人力资源管理的特点主要是相对于传统人事管理而言的。传统人事管理具有视员工为负担、成本，重使用、轻开发，对员工的管理是命令式、控制式等特点。现代人力资源管理和传统人事管理主要有以下区别：

首先，二者基于的管理哲学不同。传统的人事管理强调对“事”的管理，把员工当作机器的附属物，将员工置于严密的监督和控制之下；而现代人力资源管理把员工视为具有内在无限建设性潜力的最活泼的要素，视其为企业的第一大资源，强调为员工提供并创造良好的环境、氛围和条件，使其主观能动性和潜力得以充分发挥。

其次，二者的战略层次不同。传统的人事管理基本上是一种业务性管理，好比是机器的润滑油，需要的时候才能发挥作用；而现代人力资源管理不仅兼顾局部还要总揽全局，不仅要应对当前更要考虑长远，一切着眼于未来，它比传统人事管理更具战略性和预见性。

最后，现代人力资源管理比传统人事管理更具系统性、科学性和可行性。现代人力资源管理吸收了当代各种相关学科的最新研究成果，形成了自己完整的概念和理论体系。同时，它所阐述的基本原理、观点和方法，经受了长期的实践检验，被证明是科学的、正确的和可行的。

正是由于以上三点区别，现代人力资源管理形成了自己的特点，见表2—1—3。

表2—1—3　　现代人力资源管理的特点

现代人力资源管理	特点
管理视角	视员工为第一资源、资本
管理目的	组织和员工利益的共同实现
管理活动	重视员工的培训开发
管理地位	战略层
管理模式	以人为中心
管理方式	强调民主，鼓励员工参与
管理性质	战略性、整体性

续表

现代人力资源管理	特点
管理手段	运用计算机、网络及专业软件
部门性质	生产效益部门
法律环境	法律、法规多而严

课堂实战

耐顿公司失败的招聘

耐顿公司是NLC化学有限公司在中国的子公司，属于中型企业，主要生产、销售医疗产品。随着生产业务的扩大，为了对生产部门的人力资源进行更为有效的管理开发，2000年初，公司决定在生产部门设立一个新的职位，主要负责生产部与人力资源部的协调工作。部门经理希望从外部招聘合适的人员。

根据公司安排，人力资源部经理设计了两个方案：一个方案是在本行业专业媒体上做招聘，费用为3 500元。有利方面是对口的专业人才比例较高，招聘成本低；不利方面是企业宣传力度小。另一个方案是在大众媒体上做招聘，费用为8 500元。有利方面是企业宣传力度很大；不利方面是非专业人才的比例很高，前期筛选工作量大，招聘成本高。总经理看过招聘方案后，认为公司在中国处于初期发展阶段，不应放过任何一个宣传企业的机会，于是选择了第二个方案。

在一周时间内，人力资源部收到了800多封简历，经筛选后，留下5人，并将5人的简历交给生产部门，请生产部门对5人进行面试。经过面试后，生产部门经理留下了李某和王某两人的简历做最后的权衡。

李某和王某的基本资料相当。但值得注意的是，王某的应聘简历中没有上一个公司主管的评价。公司通知两人一周后等待结果，在此期间，李某在静待佳音，而王某则打过几次电话给人力资源部经理，第一次表示感谢，第二次表示非常想得到这份工作。

人力资源部和生产部门的负责人对这两位候选人的情况都比较满意，虽然王某简历中没有前主管的评价，且感觉他为人有些圆滑，但还是相信可以管理好他，再加上他在面试后主动与公司联系，生产部门负责人认为其工作比较积极主动，所以最后决定录用王某。

但是，王某来到公司工作一段时间后，公司发现其工作表现并不令人满意，指定的工作经常不能按时完成，有时甚至表现出不胜任其工作的行为，这引起了管理层的抱怨，认为王某不适合此职位。

然而，王某也很委屈。在来公司工作的这段时间，他发现招聘时所描述的公司环境和各方面情况与实际情况并不太一样，原来谈好的薪酬待遇在进入公司后有所减少，工作性质和面试时所描述的也有所不同，并且没有正规的工作说明书作为岗位工作的基础依据。

目标任务

阅读案例，根据所学习的企业人力资源管理的基本知识，分析耐顿公司招聘失败的原因。

方案设计

以小组为单位，在规定的时间内分析耐顿公司招聘失败的原因，并进行记录，选派一名学生代表陈述本组的观点，其他小组交流讨论。

执行要领

1. 认真阅读案例内容。
2. 督促每位同学都积极思考、分析问题。
3. 要注意在规定的时间内汇总整理出本组的观点。

交流讨论

1. 对于其他组对问题的分析，你有什么看法？
2. 这个案例是否给你带来启示？
3. 请谈谈你对于企业人力资源管理重要性的理解。

第二节　财务管理

【导读】

“老干妈”公司的财务管理模式

如今，很少有人不知道“老干妈”这个品牌。20多年来，得益于求真务实、诚信经营的企业理念，贵阳南明“老干妈”风味食品有限责任公司，已由最初的一家食品加工小厂，发展成为年销售额40多亿元，产品远销世界58个国家和地区的食品加工生产龙头企业。

“老干妈”公司的成功与其长期以来坚持的求真务实、诚信经营理念有着直接的关系。“老干妈”公司财务经理介绍说，为了做到诚信纳税，“老干妈”公司制定了严谨的财务管理制度，财务部门专门设置了3个办税员岗位，通过财务总监监控、内控部审计、请会计师事务所定期审计等方式，加强内控管理，防范涉税风险。

作为一家发展稳定、定位成功，且具有大批固定消费群体的企业，“老干妈”公司始终坚持“不融资、不贷款、不上市”的原则，保证了企业的传统性，“老干妈式的财务管理”模式也得到了人们的广泛认可。

【点评】

现代企业财务管理是企业管理的重要组成部分。资金的筹集制约着企业的规模和发展，资金的投放决定着企业的发展方向和潜力，资金的耗费关系着企业的生产成本和竞争能力，资金的回收影响着企业的偿债信誉和资金周转，资金的分配决定着企业的消费和积累以及投资者、经营者、员工等各方利益。由此可见，财务管理对企业的生存和发展起着重要的作用。

在企业生产经营活动中，无论对内对外，一切涉及资金的收支活动，都与财务管理有关。企业财务管理就是通过价值形态，对企业资金运动的过程进行决策、计划和控制的综合性管理。

一、财务管理的定义

财务管理是指管理企业的财务资源以实现企业目标的工作。财务管理贯穿企业的整个生命周期，是企业管理的重要内容之一。

财务管理的对象主要包括财务活动和财务关系两个方面。

财务活动是指资金的筹集、投放、使用、回收及分配等一系列行为。企业财务活动如图 2—2—1 所示。

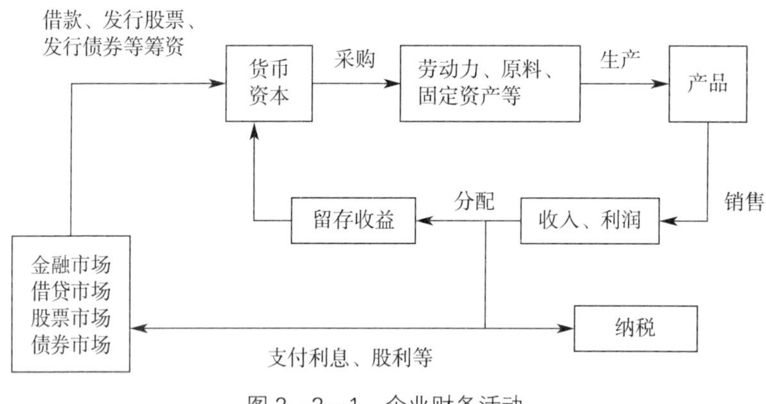

图 2—2—1　企业财务活动

财务关系是企业在组织资本运动中与各方面发生的经济利益关系。一是企业与投资者之间的财务关系，二是企业与国家之间的财务关系，三是企业与债权人之间的关系，四是企业与债务人之间的关系，五是企业与内部各单位之间的财务关系，六是企业与职工之间的财务关系。

二、财务管理的内容

财务管理的内容一般包括筹资管理、投资管理、营运资金管理和利润分配管理四部分。

1. 筹资管理

筹资是通过一定渠道，采取适当方式筹措资金的财务活动，是财务管理的首要环节。筹资按照资金使用期限长短可以分为短期资金（一年内偿还）和长期资金（一年后偿还）。短期资金的筹集方式有短期银行借款、商业信用贷款、发行短期债券等。中长期资金的筹集方式有发行股票、发行长期债券、长期银行借款等。一般来说，企业用长期资金来满足固定资产、无形资产、长期占用的流动资产的需要，用短期资金来满足临时需要的资金周转。

2. 投资管理

企业的投资管理是指企业为短期和长期发展所进行的增加资金总量、扩大经营规模的管理活动。在现代企业中，投资管理是企业管理中的重要组成部分，投资管理的优劣直接影响企业的生存和发展。企业对投资的有效管理，一方面有利于尽快扩张企业规模，另一方面也有利于企业资金的充分利用与高速运转。企业投资的主要方式一般集中在投资新建生产设施和购买设备、收购或兼并其他企业、通过投资控股方式扩大经营规模等。

3. 营运资金管理

营运资金是指流动资产与流动负债的差额。营运资金可以用来衡量企业的短期偿债能力，其金额越大，短期偿债能力越好。当营运资金出现负数，企业的营运就可能随时因周转不灵而中断。营运资金管理是对企业流动资产及流动负债的管理。一个企业要维持正常的运转就必须要拥有适量的营运资金，因此，营运资金管理是企业财务管理的重要组成部分。

4. 利润分配管理

企业年度决算后实现的利润总额，要在国家、企业的所有者和企业之间进行分配。利润分配关系着国家、企业、职工及所有者各方面的利益，是一项政策性较强的工作，必须严格按照国家的法规和制度执行。利润分配一般要遵循以下原则：依法分配原则、分配与积累并重原则、兼顾职工利益原则、投资与收益对等原则。

三、财务管理的目标

企业财务管理的目标决定了企业财务管理的基本方向，也是衡量企业理财活动是否有效的标准。

企业财务管理目标主要有：利润最大化、股东财富最大化、企业价值最大化和企业经济增加值率最大化等。

1. 利润最大化

企业作为生产经营性组织，总是要以营利为目标。因此，追求利润最大化是企业财务管理的基本目标。

2. 股东财富最大化

股东作为企业的所有者，是企业资本的提供者，股东投资企业的目的是扩大财富。因此，企业的发展应该追求股东财富最大化。在股份制经济下，股东财富由其所拥有的股票数量和股票市场价格决定，在股票数量一定的前提下，当股票价格达到最高时，股东财富也达到最大，所以股东财富又可以表现为股票价格最大化。

3. 企业价值最大化

企业价值最大化是指通过财务上的合理经营，采取最优的财务政策，充分利用资金的时间价值和风险与收益的关系，把企业长期稳定发展放在首位，强调正确处理各种利益关系，最大限度地兼顾企业各利益主体的利益，不断增加企业财富，使企业总价值达到最大化。

4. 企业经济增加值率最大化

企业经济增加值率最大化是指企业在保证长期稳定发展的基础上，追求一定时间所创造的经济增加值与投入资本之比的最大化。一般来说，收益的增加是以企业风险的增加为代价的，而风险的增加将会直接威胁到企业的生存，企业经济增加值只有在风险和收益达到比较好的均衡时才能达到最大。在企业经济增加值不变时，考虑企业的资本投入，就可衡量企业资本增值的效率。若经济增加值越大，而投入资本不变或越小，企业经济增加值率就趋向最大化。企业经济增加值率最大化目标更具有现实性，更符合我国社会主义市场经济的国情。

企业只有有了明确合理的财务管理目标，财务管理工作才有明确的方向。因此，企业应该根据自身情况和环境条件，科学、合理地制定财务管理目标。

四、财务管理的原则

为了让企业的财务管理目标与企业经营目标保持一致，需注意以下四个原则的实际运用。

1. 风险与收益权衡原则

一般情况下，风险和收益是成正比的，没有风险就没有收益，风险越大，收益越高。因此，企业要控制风险，而不是单纯地回避风险。只有科学、合理、客观地控制了风险，整体收益才会提高。

2. 价值创造原则

价值创造原则是人们对增加企业财富基本规律的认识，主要包括下面几点内容：一是新创意能获得额外收益，二是专长能创造价值，三是在评价项目时应该考虑到后续选择权是否存在以及它的价值有多大，四是一项决策的价值取决于它和替代方案相比所增加的净收益。

3. 利益关系协调原则

企业在进行财务活动时，离不开处理与所有者、债权人、经营者、职工、企业各部门、债务人、被投资企业、国家（政府）、社会公众等利益主体之间的财务关系。因此，财务管理过程也是一个协调各种利益关系的复杂过程，利益关系协调成功与否，直接影响到企业财务管理目标的实现程度。

4. 现金流转平衡原则

在财务管理中，客观上要求在理财过程中做到现金流入与现金流出在数量上、时间上达到动态平衡，即现金流转平衡。保持现金收支平衡的基本方法是现金预算控制。现金流是企业的“血液”，一旦现金流出现问题，企业随即会陷入经营困境，严重的甚至会倒闭和清算。

课堂实战

小公司赢得大市场

某市电子一条街有一家小型的电子公司。该公司规模虽小，却在电子产品销售的激烈竞争中始终保持较高的赢利水平，这与其财务管理有很大关系。

对于少量用户的安装业务，公司多采用临时聘请的工程队；对于用户购买机器的日常小规模维护，则采用对业务人员进行普及培训的方法；针对高端机器的修理，则采取与上游厂商签订维护协议的方法。以上措施使公司有效控制了人工成本。

在公司走廊的公告牌上，由财务人员每天张贴公布各项业务合同复印件以及现金回收状况，主管们可以通过这些信息估计二级经销商的回款情况，其他工作人员也可以从这里获得相关信息。公司规定，应收账款在收回前只是一项市场费用，如果还没有收到货款，就不能算完成销售，也没有客户满意度而言，员工也不会得到相应的薪酬。以上措施提高了员工的积极性，也加速了企业资金的回笼。

目标任务

阅读案例，根据所学习的企业财务管理的基本知识，分析小公司赢得大市场的原因。

方案设计

以小组为单位，在规定的时间内分析小公司赢得大市场的原因，并进行记录，选派一名学生代表陈述本组的观点，其他小组交流讨论。

执行要领

1. 认真阅读案例内容。
2. 督促每位同学都积极思考、分析问题。
3. 要注意在规定的时间内汇总整理出本组的观点。

交流讨论

1. 对于其他组对问题的分析，你有什么看法？
2. 这个案例是否给你带来启示？
3. 请谈谈你对于企业财务管理重要性的理解。

第三节　物流管理

【导读】

海尔公司的物流革命

海尔公司在经营中发现，对于一个企业来说，先进、科学的物流意味着加快企业的发展速度和提高效益，为此，海尔公司曾经进行了一场彻底的物流革命。

1. 优化采购流程

通过一系列内部资源整合，海尔公司成立了独立于其他产品事业部之外的海尔物流部，下辖物流战略、搜购、质量、模块采购、JIT（准时制）订单执行、分拨物流等六个部门。这样，海尔公司所有产品，包括原材料采购到成品配送的管理权限，全部划归到物流部，以达到简化采购配送流程的目的。

2. 零库存

在海尔整机厂周边，国际供应商建立了组件工厂、部件工厂、零件工厂及原材料加工工厂。由于距离缩短了，海尔公司在接到订单后，可以以最快的速度响应并生产。同时，海尔公司也能够根据用户的需求与供应商进行零距离沟通，在物流成本与物流质量方面实现了零库存与零缺陷。

3. 渠道变革

原来海尔公司只有干线上的运输能力，现在则进入了城市终端，通过海尔公司强大的配送网络承运批量产品，实现中心城市 8 小时配送到位，区域配送 24 小时到位。

在企业物流的革命性调整后，海尔公司实现了“零距离、零库存、零营运资本”的运作目标，物流改革给海尔公司带来了最关键的核心竞争力。

【点评】

物流是企业生产经营活动的动脉系统。企业物流活动是伴随着企业的投入、生产经营、产出而发生的。在投入过程中有对外购买的外输入物流，在生产过程中有内转换物流，在产出过程中则有销售物流或外服务物流等。由此可见，物流是渗透到企业各项经营活动之中的。

一、物流管理的定义

物流是指物品从供应地向接收地实体流动，并根据实际需要，将运输、储存、包装、装卸、配送、流通加工、信息处理等基本功能进行有机结合的过程。

物流管理是指对原材料、半成品和成品等物料在企业内外流动的全过程所进行的计划、实施、控制等活动，是通过对人、财、物的合理分配，使物流作业高效完成的全过程。

二、企业物流的分类

社会经济领域中的物流活动无处不在，根据物流的对象、目的、范围不同，形成了不同类型的物流。

企业物流是从企业角度研究物流的有关活动。企业物流可以分为以下几种典型活动。

1. 供应物流

供应物流是指包括原材料等一切生产物资的采购、进货运输、仓储、库存管理、用料管理和供应管理，也称为原材料采购物流。供应物流具有外部物流和内部物流的双重性：一方面，为组织物资供应而进行的外部采购，表现为外部物流属性；另一方面，企业的物资供应部门将生产所需物资发送到生产现场，表现为内部物流属性。

2. 生产物流

生产物流是制造产品的工厂企业所特有的，是指在生产流程中的物流活动。生产物流是与整个生产工艺过程相伴随的。

3. 销售物流

销售物流是生产企业、流通企业为实现产品的销售，组织产品送达用户或市场销售网点的外部物流活动，是指物料从生产者或持有者到达用户或消费者之间的物流。通过销售物流，不仅可以将产品及时推向市场或送至消费者手中，而且还可以使企业得以迅速回收资金，保证再生产活动的正常进行。

案例阅读

新鲜的青岛啤酒

“我们要像送鲜花一样送啤酒，把最新鲜的啤酒以最快的速度、最低的成本让消费者品尝。”青岛啤酒人如是说。为了实现这一目标，青岛啤酒股份有限公司（简称青啤公司）与招商局集团共同出资组建了青啤公司招商物流有限公司，双方开始了物流领域的全面合作。青啤公司将自己的运输配送体系“外包”给招商物流。招商物流与青啤公司合作，先后接管青岛啤酒的公路运输业务和仓储、配送业务，仅负责输出管理，并无任何生产硬件设施的投资。自从合作以来，青岛啤酒运往外地的速度比以往提高 30% 以上，300 公里以内区域的消费者都能购买到当天生产的青岛啤酒，300 公里以外区域的消费者也能购买到生产了仅一天时间的青岛啤酒，而原来这些消费者购买到新生产的青岛啤酒至少需要 3 天左右时间。

4. 回收物流

生产及流通活动中的一些物资是需要回收并加以利用的，如作为包装容器的纸箱、塑料筐、酒瓶，以及建筑行业的脚手架等就属于这一类物品。

5. 废弃物流

生产和流通系统中所产生的废弃物，如开采矿山时产生的土石，炼钢生产中的钢渣、工业废水以及其他一些无机垃圾等，对这类物料的处理过程形成废弃物流。

三、物流管理的特征

1. 系统协作性

现代物流管理是系统整合的协作物流。从商品供应系统的角度来看，现代物流不是单个生产、销售部门或企业的事，而是包括供应商、批发商、零售商等关联企业在内的共同活动。

2. 客户服务性

传统物流认为物流是“内部事务”，只对企业内部产生影响，其服务对象是企业的生产或销售部门；现代物流则认为物流是“外部事务”，其服务对象是企业的客户，与此相适应，企业经营理念的核心已从产品制造转向市场营销和客户服务。

3. 信息依赖性

现代企业物流管理需要依靠高度发达的信息网络和全面、准确的市场信息，来实现企业各自的经营目标和确保整个供应链的效率化。信息已成为物流管理的核心，现代物流活动必须及时了解和反映市场的需求，并将之反馈到供应链的各个环节，才能保证生产经营决策的正确性和再生产的顺利进行。

四、企业物流管理的内容

企业物流管理包含运输管理、库存管理、包装管理、装卸搬运管理、流通加工管理、物流信息管理等基本内容，如图 2—3—1 所示。

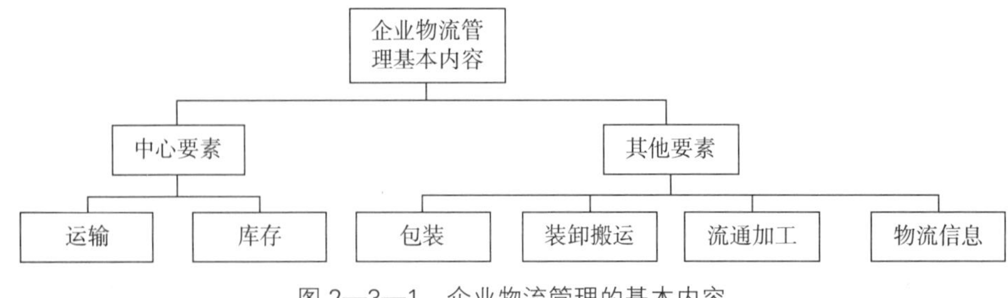

图 2—3—1　企业物流管理的基本内容

1. 运输管理

运输是使用一定的设备或工具将物料从一个地点向另外一个地点运送的物流

活动，目的是使物料产生地理位置的移动。运输管理，要求选择技术经济效果最好的运输方式和联运方式，合理确定运输路线，贯彻执行及时、准确、经济、安全的物流运输四原则，具体要求见表 2—3—1。

表 2—3—1　运输管理四原则

原则	具体要求
及时	按计划准时将物料运到目的地
准确	按计划准确地将物料运到目的地
经济	制定和采用经济合理的运输方案，有效利用现有设备、设施，降低运输费用
安全	在运输过程中保障人员和物料的安全

2. 库存管理

库存是指暂时处于闲置状态，用于实现将来目的的资源。库存是由于人们无法预测未来的需求变化，为防止资源短缺，保证生产连续进行而采用的一种应对外界变化的手段。根据不同角度，可以对库存进行不同的分类，如按照生产和配送过程中所处的状态不同，将库存分为原材料库存、在制品库存、维修维护库存、包装物和低值易耗品库存、产成品库存等。

库存管理是指在物流过程中对商品数量的管理。库存多，占用资金多，利息负担加重；但是如果过分降低库存，则会出现无法及时供货的情况。

知识链接

零库存管理

零库存管理并不是指仓库储存形式的某种或某些物品的储存数量真正为零，而是通过实施特定的库存控制策略，实现库存量的最小化，即不保持经常性库存。零库存是在物资有充分储备保证的前提下，所采取的一种特殊供给方式。

3. 包装管理

包装是指在流通过程中为保护商品、方便运输、促进销售而按一定技术方法使用的容器、材料及辅助物等的总体名称。包装是生产过程的终点，同时也是物流过程的起点。包装方式的选择不仅要考虑储运过程中对产品的保护，还要考虑包装或拆装的便利性以及废弃包装物的回收及处理等因素。

4. 装卸搬运管理

装卸搬运由两个环节构成：装卸是指在物流过程中，对货物进行的装卸、搬运、堆放、取货、理货分类或与之相关的作业；搬运是指为货物运输和保管需要而进行的作业。在物流管理中，物料搬运是一项重要的活动。产品必须有人接收、分拣、组装，才能满足客户的订数需要。在物料搬运设备中投入的直接劳动和资金是物流总成本的一个主要组成部分。

对装卸搬运活动的管理，主要是确定最恰当的装卸方式，力求减少装卸次数，合理配置和使用装卸机械，以做到节能、省力、减少损失、加快速度和取得较好的经济效益。

5. 流通加工管理

在流通过程中进行的辅助性加工活动称为流通加工。流通与加工的概念本不属同一范畴。加工是改变物质的形状和性质，形成一定产品的活动；而流通则是改变物质的空间与时间状态。流通加工管理则是为了弥补生产过程加工不足，更有效地满足客户需要，使产需双方更好衔接，将这些加工活动放在物流过程中完成，而成为物流的一个组成部分。

6. 物流信息管理

物流信息管理就是对物流信息资源进行统一规划和组织，并对物流信息的收集、加工、存储、检索、传递和应用的全过程进行合理控制，从而使物流供应链各环节协调一致，实现信息共享和互动，减少信息冗余和错误，辅助决策支持，改善客户关系，最终实现信息流、资金流、商流、物流的高度统一，达到提高物流供应链竞争力的目的。

课堂实战

目标任务

网上搜索淘宝、京东和顺丰的物流方式，根据所学习的企业物流管理的基本知识，分析三大物流的特点。

方案设计

以小组为单位，在规定的时间内分析三大物流的特点及其利弊，选派一名学生代表陈述本组的观点，其他小组交流讨论。

执行要领

1. 认真准备相关内容。
2. 督促每位同学都积极思考、分析问题。
3. 要注意在规定的时间内汇总整理出本组观点。

交流讨论

1. 对于其他组对问题的分析，你有什么看法？
2. 请谈谈你对于企业物流管理重要性的理解。

第四节 信息管理

【导读】

上海港信息化建设

上海港是最早进行EDI（电子交换数据）试点的四大港口之一。1995年5月，上海港正式开通EDI传输平台。2000年，上海港启动“大通关”工程，主要包括通关单证电子化和统一数据处理平台。2001年组建“亿通网”，提供“一站式”综合物流信息服务。目前，上海港的口岸业务单证的电子化率是全国最高的，上海口岸通关物流常用的58种业务单证中已有44种实现电子化传输，电子化率达74%，且业务单证的传输实现一次性输入，全国范围内都可以共享这些数据。

【点评】

任何企业都在不同程度上依赖一定的技术和知识才得以生存与发展，尤其是在当前知识经济和信息经济时代，现代企业之间的竞争更多体现在知识与信息获取或使用能力上的竞争。企业要保持竞争优势，就必须利用信息技术，选择和拥有大量可靠的信息，并加以充分的存储、处理，研究分析企业经营活动中的挑战和机遇，作出具有超前意识和准确预测能力的决策，以辅助企业更加合理地配置资源，提高经济效益。

一、信息管理的定义

信息管理是人类为了有效地开发和利用信息资源，以现代信息技术为手段，对信息资源进行计划、组织、领导和控制的社会活动。简单地说，信息管理就是人对信息资源和信息活动的管理。

随着社会经济的发展，人类积累的信息量空前增多。现代社会，人类生产的信息总量正以惊人的速度增长，不对信息进行有效的管理和控制，不仅不能有效利用信息，而且会危及企业的生存和发展。所以，信息管理也随之变得越来越重要。

知识链接

信息与数据

项目	信息	数据
概念	信息就是对客观事物的反映，从本质上看，信息是对社会、自然界事物的特征、现象、本质及规律的描述	数据是对客观事物的性质、状态以及相互关系等进行记载的物理符号或这些物理符号的组合
联系	1. 数据是信息的表现形式，信息是数据有意义的表示 2. 只有经过加工处理或解释成人们想要得到的数据，才能够称之为信息 3. 信息是经过加工以后，并对客观世界产生影响的数据	
区别	1. 信息是对数据进行加工处理之后所得到的并对决策产生影响的数据，是逻辑性（观念性）的 2. 数据是可识别的、抽象的符号，是关于事物的性质、状态等的符号，是物理性的	

二、信息管理的要求

信息管理受到越来越多的企业重视。为了更好地获取有用信息，企业收集、加工和利用信息时，应遵循以下基本要求：

1. 正确性

正确性是指信息要能客观、正确地反映企业内部生产活动或外部经营环境的特点，即问题的实质，这是对管理信息的最基本要求。

管理信息如不准确、不真实，会给管理工作造成极大的危害，可能导致企业作出错误的决策或采取错误的控制措施。

2. 完整性

完整性是指管理信息不仅应全面、系统，而且应具有连续性。

企业内部和外部相关环境中产生的大量信息对组织企业目前和未来的经营活动有着非常重要的作用，只有全面地收集反映企业生产经营过程中各部门、环节、环境及其相互关系的信息，才能够统一地指挥、协调和控制内部的活动，才可能努力使企业内部工作适应外部环境的要求，才能为管理者把握内外经营环境的动态变化提供可靠的依据。

3. 及时性

信息的价值是在产生以后随着时间的延续而减弱的。因此，信息只有能够及时到达相关的管理者，才能产生积极的效果。信息工作者应保证能将反映企业内外环境及目前状态的信息迅速地收集、加工并传递给有关的管理者，以帮助管理者及时作出决策或采取措施。

4. 适用性

适用性是指管理信息应是对企业经营有用的信息。对企业的经营及其管理起作用的信息很多，但这些信息的影响程度是不同的，有些信息对本企业的影响要大些或直接些，另一些则小些或间接些。因此，要在众多信息中识别出对企业经营有直接、重大影响的信息，并有效、及时地加以收集和加工。管理信息适用性对企业信息工作者的判断能力提出了很高的要求。

资料链接

信息管理系统的一般类型

办公自动化系统：提供有效的方式处理个人和组织的业务数据，进行计算并生成文件。

通信系统：帮助人们协同工作，以多种不同形式交流并共享信息。

交易处理系统：收集和存储交易信息并对交易过程的一些方面进行控制。

执行信息系统：将数据转换成信息以监控绩效和管理组织，以可接收的形式向执行者提供信息。

决策支持系统：通过提供信息、模型和分析工具来帮助管理者制定决策。

企业系统：产生并维持一致的数据处理方法以及跨多种企业职能的集成数据库。

三、信息管理的内容

1. 信息的采集

信息管理首先应进行信息的采集。采集时要注重信息的准确性和及时性，采集的手段要方便可行。

2. 信息的处理

信息管理要把各种形式的原始数据分类整理，并加工处理，以备查询。

3. 信息的存储

信息管理要对企业的各种信息加以存储保管，当存储量过大时，必须依靠先进的存储技术。

4. 信息的检索

信息管理要选择合适的信息软件，以便于检索和提高检索速度。

5. 信息的传输

信息管理要采用新的通信技术，使信息的传输速度更快、传输量更大。

四、信息管理的作用

信息管理的作用可以从两个角度去分析：一般来说，信息是管理者认知管理对象的媒介，它可以帮助管理者了解管理对象的过去和现状，从而认识其变化规律，预测其发展；具体来说，管理者借助信息的流动使企业各种经营要素得到和谐组合，使企业生产活动能够顺利进行。

课堂实战

目标任务

班级管理的信息化已经成为刻不容缓的时代要求。为了加强师生和家长之间的联系，需利用各种媒体搭建班级管理信息平台，使班级管理信息系统化。

方案设计

以小组为单位，分析班级信息化管理的方式，并形成报告。每组选派一名学生代表陈述本组报告，每组陈述时间不超过 10 分钟，其他小组交流讨论。

执行要领

1. 课前认真完成相关案例阅读的准备工作。
2. 督促每位同学都积极思考、分析、解决问题。
3. 要注意在规定的时间内陈述自己的观点，做到条理清晰。

交流讨论

1. 对于其他组对问题的分析和解决，你有什么看法？
2. 请谈谈你对于企业信息管理重要性的理解。

思考与练习

一、简答题

1. 人力资源管理的功能有哪些？
2. 财务管理的内容有哪些？
3. 现代企业物流管理的基本内容是什么？
4. 简述企业信息管理的基本要求。

二、案例分析题

让每磅铜的价格翻一万倍

美国政府为了清理城市废料，向社会广泛招标。但是由于政府出价太低，好几个月过去了，依然没有人应标。此时，远在他国的一位犹太人听说了此事，立即飞到美国，在看到城市中堆积如山的铜块、水泥块和木料等城市废料后，他未提任何条件，当即揽了下来。

许多人为他这一愚蠢举动暗自发笑，因为在美国，对垃圾的处理有严格的规定，弄不好就要受到环保组织的起诉。就在一些人要看这个犹太人笑话的时候，他开始组织工人对废料进行分类。他让人把废铜熔化，铸成小自由女神像，把水泥块和木头加工成底座。不到三个月时间，他让这堆废料变成了350万美元，使每磅铜的价格整整翻了一万倍！

问题：

1. 上述案例反映出财务管理的哪个目标？

2. 请思考并尝试举例说明财务管理的其他目标。

第三章 现代企业市场营销管理

现代企业市场营销管理是企业规划和实施营销理念、制定市场营销组合，为满足目标客户需求和企业利益而创造交换机会的动态、系统的管理过程。

全球经济一体化、竞争无国界化的崭新格局，引发了继工业社会诞生以来市场营销最深刻的变革。在激烈的市场竞争中，营销是企业成功的关键要素之一。任何企业都要面临正确选择目标市场的问题，针对市场需求的不同情况，采用相应的策略，来有效地实现企业目标，这就是现代企业营销管理。

学习目标

1. 了解市场营销的定义、观念、种类和内容
2. 熟悉目标市场营销策略以及影响目标市场营销策略的原因
3. 正确运用市场营销组合策略，解决目标市场出现的各类问题

第一节　市场营销管理概述

【导读】

麦当劳牵手 LINE FRIENDS 的奥运主题市场营销

2016 年里约奥运会临近，各大品牌商纷纷借势进行市场营销，一直擅长市场营销的麦当劳自然也少不了，而且这次麦当劳拉来的是 LINE FRIENDS（韩国知名卡通品牌）。它们根据奥运主题，以可妮兔和布朗熊两个卡通形象为原型设计了捧杯、乒乓、游泳、体操、排球和跑步共六款玩偶形象。指定时间内，在麦当劳进行任意消费之后外加 20 元就能够得到一款，购齐全套需 150 元。

由于对年轻人喜爱卡通形象的市场定位准确，又抓住了奥运会这个契机，麦当劳这次市场营销获得了极大的成功，掀起了一阵购买高潮。

【点评】

市场营销要在适当的时间、适当的地方以适当的价格、适当的信息沟通和促销手段，向适当的消费者提供产品和服务，才能最大化实现企业营销目标。

一、市场营销的定义

市场是社会分工和商品经济发展到一定程度的产物。随着社会生产力的发展，社会分工的细化，商品交换日益丰富，交换形式复杂化，人们对市场的认识日益深入。

从经营者的角度来看，人们常常把卖方称之为行业，而将买方称之为市场，它们的关系如图 3—1—1 所示。

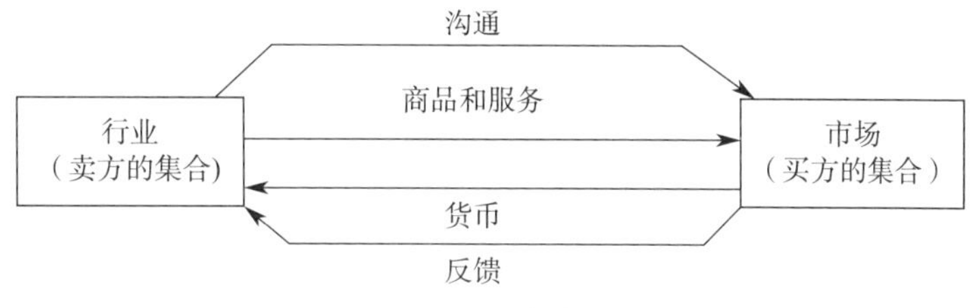

图 3—1—1　行业与市场的关系

从市场营销的角度来看，市场是对某种商品或服务具有需求，有支付能力并且进行某种交易的人或组织。由此可见，市场包含有某种需要的人、能够满足这种需要的购买能力和购买欲望三个主要因素。用公式可以表示为：

市场 = 人口 + 购买力 + 购买欲望

市场的三个因素相互制约、缺一不可，只有三者同时具备才能形成现实的市场，才能决定市场的规模和容量。

市场营销是指企业以客户为中心，以市场为导向，从产品规划开始，综合利用各种营销手段，最终实现企业经营目标的全过程。

市场营销源于销售活动，但绝对不等同于销售。它的内涵比单纯的销售活动要广得多。

第一，市场营销的目的是满足客户的需求。以客户需求为出发点，并以客户满意为归宿点，是企业一切经营活动的最高准则。

第二，市场营销的中心是顺利完成交换。市场营销活动通过交换过程实现，企业向客户提供产品和服务，客户支付货币，满足企业营利的目的。

第三，市场营销的手段是综合运用营销组合。营销组合是企业根据目标市场的需求特点，将各种营销因素有机结合，实现最优化组合，以形成企业的经营特色，达到企业的营销目标。营销组合是一种技巧，也是一种艺术。

二、市场营销的观念

市场营销的观念是企业从事营销活动的指导思想，其核心是企业如何正确处理社会、消费者和企业三者的关系，并以此为指导开展营销活动。

1. 传统营销观念

（1）生产观念

生产观念是指导企业营销活动最古老的观念，产生于 20 世纪初。由于当时社会生产力水平还比较低，商品供不应求，市场经济呈卖方市场状态。生产观念表现为企业生产什么产品，市场上就销售什么产品。在这种营销观念指导下，企业的经营重点是努力提高生产效率，增加产量，降低成本，因此，生产观念也称为“生产中心论”。

（2）产品观念

产品观念认为，消费者喜欢高质量、多功能和具有某种特色的产品，企业应致力于生产高附加值的产品，并不断加以改进，这种观念产生于市场产品供不应求的卖方市场形势下。企业只是把注意力放在产品上，不是放在市场需求上，在市场营销管理中缺乏远见，相信“酒香不怕巷子深”，只看到自己的产品质量好，看不到市场需求在变化，最终致使企业经营陷入困境。

（3）推销观念

推销观念是被许多企业所采用的一种观念。这种观念认为，消费者通常表现出一种购买惰性或抗拒心理，如果顺其自然，消费者一般不会主动购买某一企业的产品，因此，企业必须积极推销和大力促销，以刺激消费者大量购买本企业产品。推销观念在现代市场经济条件下被大量用于那些非渴求物品，即消费者一般不会想到要去购买的产品或服务。一些企业在产品过剩时，也常常奉行推销观念。

2. 现代营销观念

（1）市场营销观念

市场营销观念是作为对上述三种观念的挑战而出现的一种新型企业经营哲学。市场营销观念认为，实现企业各项目标的关键，在于正确确定目标市场的需要和欲望，并且比竞争者更有效地传送目标市场所期望的物品或服务，进而比竞争者更有效地满足目标市场的需要和欲望。

（2）社会营销观念

社会营销观念是对市场营销观念的补充和完善。它产生于 20 世纪 70 年代一些西方国家出现能源短缺、通货膨胀、失业增加、环境污染严重、消费者保护运动盛行的新形势下。

鉴于市场营销观念回避了消费者需要、消费者利益和长期社会福利之间隐含的冲突，社会营销观念提出，企业的任务是确定各个目标市场的需要、欲望和利益，并以保护消费者或提高社会福利的方式，比竞争者更有效、更有利地向目标市场提供能够满足其需要、欲望和利益的产品或服务。社会营销观念要求企业在制定营销政策时要兼顾三方面利益，即将企业利润、消费者需要的满足和社会利益统一起来。

三、市场营销的种类

随着社会的进步、科技的发展，新的市场营销方式不断出现。常见的市场营销方式主要有以下几种。

1. 整合营销传播

整合营销传播是对一个企业各种传播方式的综合集成，其中包括广告、与客户的直接沟通、促销、公关等，并对分散的传播信息进行无缝接合，从而使企业及其产品和服务的总体传播效果得到明确、连续和提升。

2. 网络营销

简单地说，网络营销就是为达到一定营销目的，以互联网传播为主要手段进行的活动。网络营销是企业整体营销战略的一个组成部分，它的职能包括网站推广、网络品牌、信息发布、在线调研、客户关系、客户服务、销售渠道、销售促进八个方面。

案例阅读

小米手机的网络营销

小米手机在起步阶段是采用网络营销的方法。

小米手机在米聊论坛建立了一个“荣誉开发组”，从几万人的论坛中抽出一些活跃度相当高的用户，大概200～300人，他们会和小米内部工作人员同步拿到软件更新的版本。内部和外部人员一起同步测试，发现问题随时修改。这样一来，小米手机就很好地借助了外力，不仅解决了复杂的测试环节，同时，通过米聊论坛、微博等进行营销，对“发烧友”级别的用户单点突破，成功实现口碑营销，避免了电视广告、路牌广告等“烧钱”式营销。

小米手机自己还开发了微信操作后台，把微信服务当成一个产品来运营，极大地提升了用户对小米品牌的忠诚度。

小米手机每周会有一次开放购买活动，每次活动的时候就会在官网上放出推广链接以及微信二维码。据了解，通过官网发展粉丝效果非常好，最多的时候一天可以发展4万个粉丝。

3. 关系营销

关系营销是指在营销过程中，企业还要与消费者、竞争者、分销商、供应商、政府机构和公众等发生交互作用的营销过程，它的结构包括外部消费者市场、内在市场、竞争者市场、分销商市场等，核心是和自己有直接或间接营销关系的个人或集体保持良好的关系。

4. 绿色营销

绿色营销是指企业为了迎合消费者绿色消费的消费习惯，将绿色环保主义作为企业生产产品的价值观导向，以节能环保为其生产理念，力求满足消费者对绿色产品的需求所做的营销活动。

5. 社会营销

社会营销是基于人具有“经济人”和“社会人”的双重特性，运用类似商业上的营销手段达到社会公益的目的，或者运用社会公益价值推广其产品或服务的一种手段。

与一般商业营销一样，社会营销的目的也是有意识地改变目标人群（消费者）的行为。但是，与一般商业营销模式不同的是，社会营销所追求的行为改变动力更多来自非商业动力，或者是将非商业行为模拟出商业性卖点。

四、市场营销的内容

分析环境，选择目标市场，确定和开发产品，产品定价、分销、促销和提供服务，以及它们之间的协调配合，进行最佳的组合，是市场营销活动的主要内容。市场营销环境是企业不可控制的因素，而产品（Product）、分销渠道（Place）、促销渠道（Promotion）、价格（Price）等因素是企业可以控制的变量，由于这四个变量的英文均以字母“P”开头，也被称为“4P”。

企业市场营销活动就是恰当地组合“4P”来适应外部环境，这是企业生存和发展的关键。

课堂实战

集齐五福，平分 2 亿现金

2017 年年初，支付宝“集齐五福，平分 2 亿现金”的红包活动抢了个大风头。一时间，几乎身边所有的人都在求最稀缺的那张“敬业福”。但实际上，集齐五福的人最多才领到 272 元，而支付宝获得的传播量和品牌影响力却不可估量。

支付宝当然不止是想抢风头那么简单，通过引导用户加支付宝好友，互送福卡，打通用户之间在支付宝内的社交关系，切入社交领域才是其最终目的。

目标任务

阅读案例，分析支付宝此次活动成功的原因及方法。

方案设计

以小组为单位，在规定的时间内分析支付宝此次活动成功的原因，并进行记录，选派一名学生代表陈述本组的观点，其他小组交流讨论。

执行要领

1. 认真阅读案例内容。

2. 督促每位同学都积极思考、分析、解决问题。

3. 要注意在规定的时间内汇总整理出本组观点。

交流讨论

1. 对于其他组对问题的分析，你有什么看法？
2. 这个案例是否给你带来启示？
3. 请谈谈你对于市场营销管理的理解。

第二节　目标市场的经营策略

【导读】

RIO 预调鸡尾酒：从 100 元到 56 亿引发的思考

酒类的高度同质化已经得到营销界的共识。然而在层层压力之下仍然有一匹黑马杀出重围，它就是 RIO 预调鸡尾酒。

2008 年金融危机过后，哀鸿遍野。为谋生机，上海百润将巴克斯酒业 100% 股权进行了转让，股权转让的价款合计仅为 100 元人民币。六年后的 2014 年，百润给出的数据显示，巴克斯酒业的评估价为 56.65 亿元，成为预调鸡尾酒行业的老大，其龙头品牌正是 RIO 预调鸡尾酒。

从 100 块到 56 亿，RIO 预调鸡尾酒像是一匹脱缰的野马，将其他品牌远远甩在后面，如此华丽的转身，是多方面配合运作的结果，其中不得不说的是其出色的营销。

预调鸡尾酒市场刚刚兴起的时候，巴克斯酒业迅速意识到预调鸡尾酒的目标群体是年轻人，谁能赢得年轻一代的青睐谁就能赢得预调鸡尾酒的天下。根据 RIO 预调鸡尾酒的产品特点，巴克斯酒业锁定了年轻女性市场，打出了“小姐妹聚会的青春小酒”的口号，同时，百润股份重新注资巴克斯，强势的资本支持使得 RIO 预调鸡尾酒频繁出现在电视上，热门电视剧中有它，热门综艺节目中有它，黄金时段的广告中也有它。凭借着多种场景的植入，360 度无死角的广告“轰炸”，仿佛一夜之间，RIO 预调鸡尾酒便从荧屏上走到了大小超市的货架上，成功进入人们的生活，尤其深受年轻女性消费者的推崇，成为时尚生活的标配。

【点评】

企业为了使自己的产品获得稳定的销路，要形成一定的产品特色，树立一定的市场形象。事实上，一个企业不可能对所有的子市场都具有吸引力，任何企业都不可能有足够的人力、物力和财力满足整个市场的需求。只有扬长避短，才能有利于发挥企业本身的优势，才能避免在巨大的市场中迷失方向。

一、市场细分与目标市场的选择

1. 市场细分

任何一个企业都不可能满足某种产品互有差异的整体需求。所以，企业必须为自己的市场确定一定的范围或目标，即企业的产品为什么样的需求服务，为谁的需求服务，这就是选择企业的目标市场。

市场细分是根据不同层面客户的需求，按照产品的销售对象，把市场细分为不同的需求层次，从而针对不同的细分市场来选择自己的目标市场。市场细分的基础是客户需求的差异性，市场细分就是进行客户分类。市场细分有利于企业确定自己的目标市场，发现市场机会，可以使企业集中人、财、物等资源条件投入到目标市场，形成经营上的规模效应。

2. 目标市场的选择

企业选择目标市场应遵循以下原则：

第一，选定的目标市场应该有足够的市场容量。

第二，选定的目标市场要有充分的发展潜力，有获得较大收益的可能。

第三，本企业在选定的目标市场上要有较强的竞争优势。

第四，选定的目标市场要相对稳定，企业可以获得稳定、长期的收益。

二、目标市场的营销策略

企业通过市场细分，从众多的细分市场中，选择出一个或数个具有吸引力、有利于发挥企业优势的细分市场作为自己的目标市场，这时还要考虑，应采取怎样的营销策略以取得满意的经济效益。为此，企业应综合考虑产品特性、竞争状况和自身实力，选择不同的目标市场营销策略。

1. 无差异性营销策略

无差异性营销策略是指企业不考虑各子市场间的差异性，而只注重子市场需求的共性，只推出单一产品，运用单一的营销方案，力求在一定程度上满足尽可能多的客户需求。可口可乐公司早期就采取了这种策略，以可口可乐一种产品，行销世界许多国家。

无差异性营销的优点是由于产品单一，更容易实现标准化与大规模生产，从而降低研究开发、生产、储存、运输、促销等成本费用，能以低成本取得市场竞争优势；缺点是忽视了各子市场需求的差异性，难以被企业长期采用。

2. 差异性营销策略

差异性营销策略是企业集中力量针对不同的子市场，推出不同的产品，推行不同的营销方案，以最大限度地满足各个子市场的需要。

差异性营销的优点是由于企业在产品设计、推销宣传等营销策略方面能针对不同的子市场，有的放矢，从而有利于提高产品的竞争力，提高市场占有率，此外还有利于建立企业及品牌的知名度，有利于提高企业威望，树立良好的企业形象；缺点是多品种生产，势必增加生产及营销成本，增加管理的难度。因此，该策略多为实力雄厚的大公司所采用。

3. 集中性营销策略

集中性营销策略是企业将所有的资源力量集中，以一个或少数几个性质相似的市场作为目标市场，进行专业化经营，力图在较少的子市场上获得较大的市场占有率。

集中性营销的优点是目标市场集中，企业资源集中，能快速开发适销对路的产品，树立和强化企业及产品形象，也有利于降低生产成本，节约营销费用，增加企业利润；缺点是目标市场狭小，经营风险较大，一旦市场需求发生变化或出现更强的竞争对手，企业就可能陷入困境。该策略适用于实力弱、资源少的小型企业。

4. **定制营销策略**

若将市场细分进行到最细致的程度，则每一位客户都是一个与众不同的细分市场。由于现代信息技术和现代制造业的迅猛发展，使得为客户提供量体裁衣式的产品和服务成为可能。

案例阅读

订制个性家居——尚品宅配

尚品宅配是一家集云计算、个性化订制、免费设计等特点于一身的家居企业。它的商业模式不仅受到业界的疯狂学习和模仿，还被阿里巴巴的高管推崇为“C2B模式样板”。它的个性化订制如今无疑成为行业标杆，当客户想装饰自己的家时，尚品宅配会派出专门的设计师上门测量勘察，再设计出一套符合客户需求的家居摆设方案。在这个越来越推崇个性时尚的年代，一次小小的订制，会给客户带来高价值感的不凡体验，因为它是真正为客户着想的订制。

三、影响目标市场营销策略的因素

目标市场营销策略是多样化的，在选择策略时需要综合考虑以下因素。

1. **企业资源或实力**

当企业生产、技术、营销、财务等方面实力很强时，可以考虑采用差异性或无差异性市场营销策略；资源有限，实力不强时，采用集中性营销策略效果会更好。

2. **产品同质性**

在消费者眼里，不同企业生产的产品相似程度高，则同质性高；反之，则同质性低。对于大米、食盐、钢铁等产品，尽管每种产品因产地和生产企业的不同会有品质差别，但消费者可能并不十分重视，此时，竞争将主要集中在价格上，这样的产品适合采用无差异性营销策略。对于服装、化妆品、汽车等产品，由于在型号、式样、规格等方面存在较大差别，产品可选择性强，同质性较低，因而更适合于采用差异性或集中性营销策略。

3. 市场同质性

市场同质性是指各细分市场客户需求、购买行为等方面的相似程度。市场同质性高，意味着各细分市场相似程度高，不同客户对同一营销方案的反应大致相同，此时，企业可考虑采取无差异性营销策略。反之，则适宜采用差异性或集中性营销策略。

4. 产品所处生命周期的不同阶段

产品处于投入期，同类竞争品不多，竞争不激烈时，企业可采用无差异性营销策略，当产品进入成长期或成熟期，同类产品增多，竞争日益激烈，为确立竞争优势，企业可考虑采用差异性营销策略；当产品步入衰退期，为保持市场地位，延长产品生命周期，全力对付竞争者，可考虑采用集中性营销策略。

5. 竞争者的市场营销策略

企业选择目标市场策略时，一定要充分考虑竞争者尤其是主要竞争对手的营销策略。如果竞争对手采用差异性营销策略，企业应采用差异性或集中性营销策略与之抗衡；若竞争者采用无差异性营销策略，则企业可采用无差异性或差异性营销策略与之对抗。

6. 竞争者的数目

当市场上同类产品的竞争者较少，竞争不激烈时，可采用无差异性营销策略；当竞争者多，竞争激烈时，可采用差异性营销策略或集中性营销策略。

课堂实战

“苹果风”卫龙辣条成功转战互联网

作为传统食品品牌，卫龙应该算是互联网化最成功的品牌之一了。从最早的一系列“苹果风”外包装、官方网站，到最近的“苹果风”天猫店，每一次都能赚够眼球，掀起一波热议。

从营销角度来说，卫龙辣条处处模仿苹果手机风格，本身就是一个亮点。如果是手机品牌各方面模仿苹果手机，不论做到再好，都摆脱不了山寨的嫌疑；但如果是个休闲零食，各方面模仿苹果手机，就会让人眼前一亮。

不论是哪种营销策略，这一路走来，卫龙似乎已经渐渐把“垃圾食品”这个标签远远甩开，朝着“年轻人的休闲食品”道路向前狂奔。

目标任务

阅读案例，分析卫龙辣条采用“苹果风”营销成功的原因。

方案设计

以小组为单位，在规定的时间内分析为什么卫龙辣条采用“苹果风”营销能够成功，并进行记录，选派一名学生代表陈述本组的观点，其他小组交流讨论。

执行要领

1. 认真阅读案例内容。
2. 督促每位同学都积极思考、分析、解决问题。
3. 要注意在规定的时间内汇总整理出本组观点。

交流讨论

1. 对于其他组对问题的分析，你有什么看法？
2. 这个案例是否给你带来启示？
3. 请谈谈你对于目标市场营销策略的理解。

第三节 市场营销组合策略

【导读】

东方物流公司的营销组合策略

东方物流公司是一家以海上运输为主的综合物流服务商。为了应对国际航运市场的激烈竞争，在进行准确的市场细分后，公司根据自身条件和市场需求，把目标客户定位于直接客户和大客户，服务重点是跨国公司。根据市场细分，公司对目标客户进行了营销组合设计：在产品策略上，公司为了有效地满足客户的需要，将核心产品（为货主提供符合其需要的位移）、有形产品（舱位体积、位置、货物定位等）、附加产品（如咨询、报关、报价等）综合考虑，提供整体产品服务；在价格策略上，实行随行就市定价法，采取客户不同运价不同，季节不同运价不同的方式；分销渠道采取在全球设立自己的办事处，大力拓展直销渠道；在促销策略上，以人员推销为主，注重公共关系的开展。经过近三年的运作，东方物流公司赢得了竞争优势，在一些主要航线上市场份额全面提升，总体经济效益明显好转。

【点评】

企业在确定自己的目标市场以后，要针对该市场的需要，综合考虑环境、能力、竞争状态，对自己可控制的产品、价格、分销、促销等营销要素进行优化组合和综合运用，使之协调配合，发挥优势，以取得更好的经济效益。

一、产品策略

产品策略是企业在其产品营销战略确定后，在实施中所采取的一系列有关产品本身的具体营销策略，主要包括品牌、包装、产品定位、产品组合、产品生命周期等方面的具体实施策略。企业的产品策略是其市场营销组合策略中的重要组成部分。

1. 品牌策略

产品品牌是指一个名称、名词、符号或设计，或者是它们的组合，其目的是使自己的产品同竞争对手的产品区别开来。产品品牌策略主要包括多品牌策略、新品牌策略和合作品牌策略。

（1）多品牌策略

在相同产品类别中引进多个品牌的策略称为多品牌策略。企业实施多品牌策略，往往是为了分散风险，扩大市场占有率。

（2）新品牌策略

为新产品重新设计品牌的策略称为新品牌策略。如以生产保健品为主的养生堂开发饮用水时，并没有使用原品牌，而是用了新的品牌名称“农夫山泉”。

（3）合作品牌策略

合作品牌（也称为双重品牌）策略是两个或更多的品牌在一个产品上联合起来，以期强化整体形象或消费者购买意愿的策略。

案例阅读

OPPO 品牌

OPPO 是一个既传统又现代的品牌。传统在于传播媒介与销售渠道，OPPO 通过电视广告、节目赞助、门店招牌等传统媒介打造了强势品牌影响力，通过线下约 20 万家门店销售 90% 的产品；现代在于其国际形象，经过多年精心经营，OPPO 成功塑造了国际、时尚、潮流的品牌形象，并在一次又一次的蜕变中壮大，逐步成为一家世界级公司。

在媒体多元化、时间碎片化时代，OPPO 坚持优势并强化优势，以央视和省级卫视为中心，赞助了几大热门综艺节目，此外，还配合线下活动、报纸杂志、网络等手段，将广告作用发挥得淋漓尽致。

OPPO 坚持时尚与国际化并存发展，通过国内外众多当红明星的代言，成功塑造“高大上”的时尚形象和“把手机卖向全球”的国际化形象。

2. 包装策略

包装是指为了保证商品质量和数量，便于运输、携带、储存和销售，采用适当的材料制成与商品相适应的容器。优良的包装在营销活动中不仅能保护商品，方便购买，还能扩大产品差异，促进销售。

包装策略主要包括类似包装策略、多用途包装策略、改进包装策略和方便包装策略。

（1）类似包装策略

企业对自己所生产的各种不同产品，在包装上采用相同的图案、色彩或其他共同特征，使消费者很容易识别是同一家企业的产品。

（2）多用途包装策略

即在原包装商品用完之后，空的包装容器仍然可以移作别用的功能用途。多用途包装策略又称为重复使用包装策略。

（3）改进包装策略

当原有包装不能发挥良好的包装作用，在客户心目中形象不佳，或原有设计缺乏吸引力时，企业采用更换包装的方法增加产品的销路。

（4）方便包装策略

提高或扩充包装的使用功效，更利于客户携带、使用和存放，进而加大商品对客户的吸引力。

案例阅读

罗林洛克啤酒的包装策略

20 世纪后期，随着竞争的加剧和消费水平的下降，美国啤酒的竞争变得越来越残酷。啤酒业巨头占据越来越大的市场份额，逐渐把一些小的地区性啤酒商排挤出了市场。

出产于宾夕法尼亚州西部小镇的罗林洛克啤酒也同样面临这种严峻的形势。然而，营销专家约翰·夏佩尔通过他神奇的经营活动使罗林洛克啤酒摆脱了困境，走向了飞速发展之路。为了克服广告预算的不足，在夏佩尔的营销策略中，包装策略发挥了关键作用。他解释道："我们不得不把包装变成牌子的广告。"

夏佩尔为罗林洛克啤酒设计了一种绿色长颈瓶，并漆上显眼的艺术装饰，使其包装在众多的啤酒中很引人注目。夏佩尔说："它跟别的瓶子都不一样，独特而有趣。包装上印有放在山泉里的这些瓶子的照片。照片质量很高，色彩鲜艳、图像清晰。消费者很容易在视线范围内认出罗林洛克啤酒。"

瓶子和包装造就了罗林洛克啤酒的新形象，使罗林洛克啤酒看上去不像大众化的产品，而是给人一种高贵的品质感，在很大程度上迎合了消费者的口味。

二、价格策略

价格策略是企业营销策略中最重要的策略之一。按照产品与市场情况，灵活地运用各种定价方法与策略，可以吸引客户，刺激购买，扩大产品销路，实现营销目标。

1. 新产品定价策略

在企业的新产品上市，竞争对手还没有同样的产品能与其竞争时，企业有两种价格策略可以选择：

（1）速取定价策略

速取定价策略又称撇脂定价策略。这是一种高价策略，在新产品投入市场时把价格定得高一些，利用一定时期的垄断地位来获取较高的收益。

（2）渐取定价策略

渐取定价策略又称渗透定价策略，是指以低价将新产品投放市场的一种策略。适用于市场已有类似替代品，客户对价格较为敏感，或易于仿制的新产品。

2. 组合定价策略

如果某产品是产品组合中的一个部分，企业就需要制定一系列的产品价格，使整个产品组合取得最大利润。

（1）必须附带产品定价

必须附带是指与主产品密不可分的产品，对于这类产品一般都会将主产品价格定得相对较低，而把附带产品的价格定得较高，以弥补主产品低价所损失的利润。

（2）系列产品定价

系列产品定价即在同类产品中，利用不同价格来区分出不同的档次，进而形成一种由低价品到一般产品再到精品的整体产品定价。

3. 折扣定价策略

折扣定价策略是在最终售价的基础上作出一定的让步，根据销售数量、销售季节、销售对象等因素，直接或间接地以一定比例降低售价。其目的是促进销售量的增长和销售资金的快速回笼。

（1）数量折扣

对于大量购买者给予一定的折扣优惠。

（2）季节折扣

对于季节性强的产品，为鼓励客户在淡季购买而实行的一种优惠价。

（3）现金折扣

对于一次性付清货款的客户，按原价给予一定的折扣。

4. 心理定价策略

心理定价策略是利用消费者的心理因素进行定价的一种策略。主要有以下方法：

（1）尾数定价法

尾数定价法是在产品定价时有意识地留有尾数，避免整数的定价策略。尾数定价可以使客户感到产品的价格是精心核算的。

（2）声望定价

声望定价是有意识给产品制定出较高的价格，以提高产品地位的定价策略，主要适用于高档产品、品牌产品。对于一些消费者难以鉴别质量的产品，又得不到其他信息的条件下，往往以产品价格作为辨别质量的唯一依据时，也可以采用声望定价。

（3）习惯定价

消费者经常使用的一些日用消费品，已经在消费者心中形成一种习惯性的价格标准，无论提高或降低价格，都会影响消费者购买。

三、分销渠道策略

分销渠道也就是产品流通渠道，是指产品从生产者向消费者转移的途径和环节。由于产品从生产者到消费者之间存在着时间、地点、数量以及所有权的差异和矛盾，所以必须通过一定的销售渠道来克服。

知识链接

分销渠道的基本类型

1. 直销型分销渠道

直销型分销渠道是指生产厂家不经过任何流通企业直接将产品销售给消费者。这种形式多适用于小型生产者或者特种设备制造商，如农副产品、大型专业设备的销售等。

2. 单一环节销售型分销渠道

这种销售形式是指生产商直接将产品销售给零售商，由零售商分销给消费者。也就是说这种产品流通渠道中，只有零售商一个环节。这种分销形式有利于降低成本，保证产品质量，适合于一般日用消费品的经营。

3. 多环节销售型分销渠道

多环节销售型分销渠道即产品先要经过一个或数个批发商到达零售商，再由零售商分销到消费者。这种分销形式增加了销售层次，也拓宽了市场面，但是由于环节多、储运量大、周转期长，会增加成本，影响销售价格。

分销渠道策略就是指企业根据产品性质或特点、市场状况以及企业自身条件等因素，选择产品从生产者顺利转移到消费者的最佳途径。

1. 广泛型分销策略

该策略是指企业尽可能多地通过许多符合条件的批发商和零售商来销售其产品，方便消费者购买，提高产品的总体市场占有率。主要适用于经常性购买的日用消费品以及通用性强的工业品。

2. 选择型分销策略

该策略是指企业在某一市场或地区范围内，只选择少数几家最符合条件的经销商来销售企业的产品。这种分销形式尤其适用于高档消费品、耐用消费品。

3. 独家分销策略

该策略是指在一定的市场或区域范围内，只挑选一家经销商销售企业产品。采用独家分销策略的产品一般要具有一定的品牌知名度，而且在该地区有足够的销售量。独家分销常常以地区性的总代理或总经销的形式出现。

四、促销策略

促销的实质就是通过信息传播诱导和创造需求，使消费者提前购买或实现购买。简而言之，就是企业通过一定的方法，说服或吸引消费者购买其产品。

1. 广告促销策略

广告促销策略是在一般营销策略的基础上，利用各种推销手段，在广告中突出消费者能在购买的产品之外获得其他利益，从而促进销售的广告方法和手段。

广告促销既要告知消费者购买产品所能得到的好处，又要给予消费者更多的附加利益，以激发消费者对产品的兴趣，从而推动产品销售。

案例阅读

脑白金的广告策略

说起脑白金，就会想起脑白金的广告。

脑白金的广告策略，追求最有效的途径、最合适的时段、最优化的组合，不求全但求到位。在市场启动期，脑白金基本以报纸媒体为主，选择1～2家报纸，以每周1～2次的频率刊登大篇幅新闻报道，并辅以科普资料作证，集中火力展开猛烈广告宣传。

在市场成长期或成熟期，脑白金的重心则向电视广告转移。电视广告每天滚动播出，不断强化产品印象。脑白金电视广告分为专题片、功效片、送礼片三种版本。三种版本广告相互补充，组合播放，产生了不同凡响的传播力度。

使用广告促销策略时要注意发挥其应有的作用。随着消费者的识别意识、心理素质的增强，仅依靠广告的“狂轰滥炸”，很难取得效果，弄不好，还会引起消费者的反感。因此，广告促销在产品质量有保证的前提下，要有新意，要恰如其分地进行宣传，而不是片面夸大产品功能。

2. 人员促销策略

人员促销是指企业派出推销人员直接与客户接触，通过宣传产品和进行洽谈，达到促进销售目的的活动过程。人员促销策略有以下几种：

（1）“刺激—反应”策略

这是在销售人员不了解客户真实、确切需要的情况下经常采用的策略。销售人员运用预先准备好的话题与客户交谈，观察客户的反应，试探其具体要求，然后根据客户的反应再运用一系列的刺激方式，引起客户的购买动机，产生购买行为。

（2）“启发—配合”策略

这种策略是指销售人员在初步掌握客户某些具体要求后，针对这些要求，积极、主动地与客户交谈，恰到好处地宣传、说服，引起对方的共鸣，从而促成交易。

（3）“需要—满足”策略

这种策略是指销售人员通过与客户交谈，引起客户的某种需要，并说明销售的产品如何满足这种需要，从而引导客户产生强烈的购买欲望。

3. 公共关系促销策略

公共关系是企业通过公共传播和对特殊事件的有效处理，使自己与公众保持良好的关系。公共关系促销可以在帮助企业建立声誉、改善形象的同时，促进企业产品的销售。公共关系促销策略可以运用在以下方面：

（1）宣传企业在国民经济中的地位以及对社会的贡献，宣传新技术在本企业的应用，宣传现代化管理方法在本企业取得的丰硕成果。

（2）介绍产品的特点以及使用过程中给用户带来的利益，介绍产品知识，引起用户对产品的兴趣。

（3）密切与新闻报道部门的关系，通过媒体宣传企业的方针政策和产品、服务水平。

（4）组织或派人参加有关产品的学术交流活动。

（5）参加各社会团体举办的社交活动，以企业名义支持社会各种福利活动和赞助活动，或以企业名义举办文体活动。

4. 营业推广策略

营业推广就是在特定的目标市场中，为了迅速而有效地刺激需求而采取的一些非周期性的促销活动，主要有赠送促销、抽奖促销、现场演示、参与促销等方式。

营业推广常见于各大商场的节假日促销活动。这种方式的最大特点就是促销气氛强烈，让客户有一种机不可失、失不再来的紧迫感，从而在扩大影响的基础上，增加产品销量。

课堂实战

农夫山泉与京东物流—温暖的红鼻子公益活动

在杭州，会看见一群特别的京东快递员。除了标志性的红制服、红三轮，他们还戴着滑稽喜感的红鼻子。这是农夫山泉与京东物流的一次跨界合作，他们给“快递”赋予了一层新的含义——“快递”＝快乐的传递。戴着红鼻子的京东快递员们不仅要把快递送到客户手上，更要让这份快乐的公益精神感染更多人。

红鼻子节，是来自英国的老牌公益活动。每逢奇数年，在英国都会举行长达六周的红鼻子节，在这期间，人们会带上滑稽的红鼻子，穿着奇装异服到处募捐。红鼻子节的特别之处，在于用一种快乐的方式来做公益。

农夫山泉与京东物流的这次公益合作，为贫困山区的孩子送上了25万份免费午餐。

目标任务

阅读案例，分析农夫山泉和京东物流在这次活动中的市场营销组合策略。

方案设计

以小组为单位，分析农夫山泉和京东物流采用了哪些市场营销组合策略，并形成报告。选派一名学生代表陈述本组的观点，每组陈述时间不超过 10 分钟，其他小组交流讨论。

执行要领

1. 课前认真完成相关案例阅读的准备工作。
2. 督促每位同学都积极思考、分析、解决问题。
3. 要注意在规定的时间内陈述自己的观点，做到条理清晰。

交流讨论

1. 对于其他组对问题的分析，你有什么看法？
2. 这个案例是否给你带来启示？
3. 请谈谈你对于市场营销组合策略的理解。

思考与练习

一、简答题

1. 简述市场营销观念的演变。
2. 中小型企业应如何确定目标市场营销策略？
3. 简述各种促销方式的优缺点。
4. 简述分销渠道的基本类型。

二、案例分析题

案例 1:

国内某化妆品有限责任公司开发出了适合东方女性需求特点的具有独特功效的系列化妆品，并在多个国家获得了专利保护。营销部经理初步分析了亚洲各国和地区的情况，首选日本作为主攻市场。为迅速掌握日本市场的情况，公司派人直赴日本，主要运用调查法收集一手资料。调查显示，日本市场需求潜力大，购买力强，且没有同类产品竞争，这让公司兴奋不已。在调查基础上，公司又按年龄层次将日本女性化妆品市场划分为15～18岁、18～25岁（婚前）、25～35岁及35岁以上四个子市场，并选择了其中最大的一个子市场进行重点开发。

问题:

1. 该公司进行市场细分的细分变量主要是什么？根据日本市场的特点，公司选择的最大子市场应该是哪个？为什么？

2. 请你为该公司营销经理提供几种进行市场试验的方法。

3. 作为新产品，你认为该公司应采取何种定价策略？为什么？

案例2:

HR公司是我国知名的家电企业之一，在国内拥有强有力的市场地位之后，该公司开始将目光投向国际市场。公司的首席执行官认为，要想达到市场竞争的最高境界—经营品牌，就必须进入到品牌林立的欧美地区。他对此有一个形象的比喻：下棋找高手。他为HR公司选择的高手是：美国。

为了进入美国市场，公司用年薪25万美元聘请了美国人史密斯作为美国贸易部的总裁。史密斯认为要让美国人知道HR，事半功倍的做法是与“足够好”的中间商合作。一开始他就把目光投向美国最大的连锁超市沃尔玛。史密斯清楚，要让这家在美国消费者中享有很高声誉的连锁商店接受一个陌生的品牌十分困难，但一旦进入沃尔玛，HR公司的产品不仅能够有一个稳定的销量，而且可以从沃尔玛出色的经营管理中获益良多。此外，史密斯也看中了沃尔玛长期经营家电的专业经验和条件。

整整两年的时间，史密斯甚至没有机会让沃尔玛看一眼HR的产品。直到有一天，他在沃尔玛总部的对面竖起一块HR的广告牌，希望沃尔玛高层管理者在工作间隙，眺望窗外的时候能发现HR的广告。功夫不负有心人，沃尔玛终于对这个整天等候在窗口的HR有了兴趣。但史密斯说：“广告并不是我们赢得沃尔玛这样的客户的唯一原因，我们有很好的质量、很好的服务及很好的技术支持。沃尔玛选择我们是因为我们能够提供它需要的产品。”目前，HR的产品在沃尔玛的销售情况很好。

问题:

1. 运用所学知识，简析 HR 公司为什么选择沃尔玛作为中间商？

2. HR 公司选聘史密斯负责其美国市场营销管理工作有哪些好处？

第四章 现代企业生产与质量管理

随着我国市场经济制度的不断完善，市场在资源配置中起到的作用越来越大，企业要想在激烈的市场竞争中站稳脚跟、实现长足发展，就必须提升企业生产运作中的质量管理水平，通过系统的质量策划、严格的质量控制以及完善的质量监督手段来把控企业产品的质量，从而提升企业的核心竞争力，让企业在市场经济的浪潮中塑造自己的品牌。

学习目标

1. 了解企业生产管理和质量管理的有关概念，理解生产管理和质量管理在现代企业发展中的重要作用

2. 熟悉企业生产管理的基本步骤和全面质量管理的基本内容，掌握企业现场管理和全面质量管理的方法

第一节　企业生产管理

【导读】

丰田式生产管理

丰田式生产管理由日本丰田汽车公司的副社长大野耐一创建，是丰田公司一种独具特色的现代化生产方式。它顺应时代的发展和市场的变化，历经20多年的探索和完善，逐渐形成和发展成为今天这样的包括经营理念、生产组织、物流控制、质量管理、成本控制、库存管理、现场管理和现场改善等在内的较为完整的生产管理技术与方法体系。

1. 建立看板体系

重新改造流程，改变传统由前端经营者主导生产数量的模式，重视后端客户需求，后面的工程人员通过看板告诉前一项工程人员需求，“逆向”控制生产数量，这种方式不仅能节省库存成本，更重要的是将流程效率化。

2. 强调实时存货

依据客户需求，生产必要的东西；在必要的时候，生产必要的量。

3. 标准作业彻底化

对生产的每个活动、内容、顺序、时间控制和结果等所有工作细节制定严格的规范，如装轮胎、引擎需要几分钟等。但这并不是说标准是一成不变的，只要工作人员发现更好、更有效率的方法，就可以变更标准作业，目的在于促进生产效率。

【点评】

随着世界经济及科学技术的发展，现代企业的生产管理也产生了新的变化，生产管理的范畴得到了相应的扩展。企业为了更有效地控制生产系统的运行，通过规范、调整企业的生产管理方式，将流程效率化，从而进一步优化企业的结构和效能。

一、企业生产管理概述

1. 生产管理的定义

企业的生产管理是按照预定的经营目标和经营计划，充分利用人力、物力和财力，从产品品种、质量、数量、成本和交货期等方面，生产出符合市场需要和用户满意产品的过程。换言之，企业生产管理就是以最少的资源损耗，获得最大的成果。企业生产管理过程如图 4—1—1 所示。

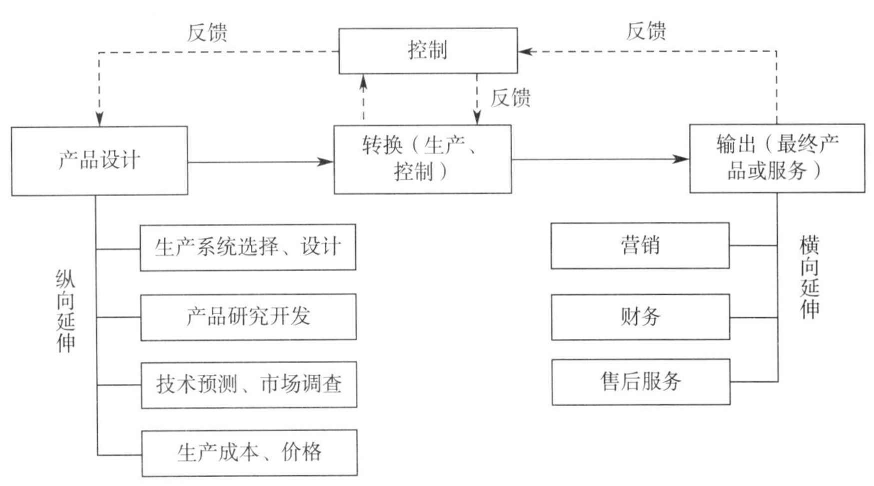

图 4—1—1 企业生产管理过程

2. 生产管理的任务

生产管理的主要任务就是在规定时间内，生产出一定数量符合产品质量标准和产品成本要求的合格产品。

具体来说，就是在生产活动中，根据经营目标、方针和决策，充分考虑企业外部环境和内部条件，运用计划、组织、控制等职能，将输入生产过程的人、财、物、信息等生产要素有机地结合起来，经过生产转换过程，以尽可能少的投入生产出尽可能多的符合市场和消费者需要的产品和服务，并取得最佳的经济效益。

归纳起来，生产管理的主要任务有以下六个方面。

一是按照市场需求，生产出适销对路、质优价廉的产品，以满足市场和消费者的需要。

二是全面完成企业生产计划所规定的目标和任务，包括产品品种、质量、产量、产值、交货期等技术经济指标。

三是合理组织劳动力，充分利用人力资源，最大限度地挖掘企业员工的内在潜力，调动广大员工的积极性、主动性和创造性，不断提高生产效率。

四是加强物资、能源管理，合理利用物资、能源，努力降低单位产品的物资和能源消耗，提高资源利用率，建立合理的物资储备，减少资金占用。

五是加强设备管理，提高设备的完好率和利用率。

六是不断采用新技术、新工艺和新装备，促进企业技术进步。

3. 生产管理的内容

生产管理要实现上述任务，需要做很多工作。这些工作按管理的职能来划分，大体上可分为准备、组织、计划和控制四个方面的内容。

（1）生产准备

1）工艺技术方面的准备。主要包括通过经济效益的分析，进行工艺方案的选择、编制、修改和工艺装备的设计、补充制造等。

2）人力的准备。主要包括适应生产任务变化的需要，充分发挥人才优势，对工种和人员的选择、配备与调整等。

3）物料、能源的准备。主要包括原材料、燃料、动力、外购件、外协件等的准备，在保证完成生产任务的前提下，力求使总费用最少。

4）设备完好运转方面的准备。主要包括设备的选择和检修计划的确定等。

上述这些准备工作，都是正常生产活动所必备的基本条件，是实现生产计划的重要保证。

（2）生产组织

生产管理所讲的组织，是生产过程组织与劳动过程组织的统一。生产过程的组织主要解决产品生产过程各阶段、各环节、各工序在时间和空间上的协调衔接；劳动过程的组织主要解决劳动者之间、劳动者与劳动工具和劳动对象之间的关系。生产过程组织与劳动过程组织是企业生产活动计划工作的基础和依据，两者必须实现动态平衡，既要保持相对的稳定性，又要随着企业经营方针、经营计划的变化而变化。提高生产组织形式和劳动组织形式的应变能力，其主要目的在于提高劳动生产率和经济效益。

（3）生产计划

生产计划主要包括产品生产计划和生产作业计划。产品生产计划主要规定产品品种、质量、产量等计划，以及保证实现生产计划的技术组织措施计划。生产作业计划是生产计划的具体计划，它保证产品生产过程各阶段、各环节、各工序之间在期量上的协调与衔接，使企业实现有节奏的均衡生产。

（4）生产控制

生产控制是指围绕着完成生产计划任务所进行的各种检查、监督、调整等工作。其作用在于完善生产组织，实现生产计划，提高产品质量，降低生产消耗和生产成本。生产计划是生产控制的依据，生产控制是实现生产计划的手段。

4. 生产管理的绩效

一般来讲，生产管理的绩效主要分为以下六大方面。

（1）效率

效率是指在给定的资源下实现产出最大。也可理解为相对于生产目的所采用的工具及方法是否最适合并被充分利用，以最少的投入获得最大的产出。

（2）品质

品质是指把客户的要求分解，转化成具体的设计数据，形成预期的目标值，最终生产出成本低、性能稳定、质量可靠、物美价廉的产品。

（3）成本

成本是指产品生产活动中所发生的各种费用。企业效益的好坏在很大程度上取决于相对成本的高低，如果成本所挤占的利润空间很大，那么相应的企业净利润则相对降低。

（4）交货期

交货期是指送达所需数量的产品或服务的时间。在现代的市场竞争中，不能严守交货期也就失去了生存权，这比品质、成本更为重要。

（5）安全

安全是指保障员工的安全与健康，保护财产免遭损失，确保生产活动过程安全。

（6）士气

员工士气主要表现在三个方面：离职率、出勤率和工作满意度。高昂的士气是企业活力的表现，是取之不尽、用之不竭的宝贵资源。只有不断提高员工士气，才能充分发挥人的积极性和创造性，让员工发挥最大的潜能，从而为公司的发展作出尽可能大的贡献。

二、生产过程组织

1. 生产过程组织的概念

生产过程组织是指为提高生产效率，缩短生产周期，对生产过程的各个组成部分从时间和空间上进行合理安排，使它们能够相互衔接、密切配合的设计与组织工作的系统。

一般来讲，生产过程组织包括空间组织和时间组织两项基本内容。

生产过程的空间组织是指在一定的空间内，合理地设置企业内部各基本生产单位，如车间、工段、班组等，使生产活动能高效地顺利进行。工艺专业化、对象专业化是生产过程空间组织的两种典型形式。

知识链接

工艺专业化与对象专业化

工艺专业化又称工艺原则，即按照生产过程中各个工艺阶段的工艺特点来设置生产单位。在这种生产单位内，集中了同种类型的生产设备和同工种的工人，可完成各种产品的同一工艺阶段的生产，即加工对象是多样的，但工艺方法是同类的，每一生产单位只完成产品生产过程中的部分工艺阶段和部分工序的加工任务。如机械制造业中的铸造车间、机加工车间、热处理车间及车间中的车工段、铣工段等，都是工艺专业化生产单位。

对象专业化又称为对象原则，就是按照产品（或零件、部件）的不同来设置生产单位。在对象专业化生产单位里，集中了不同类型的机器设备、不同工种的工人，对同类产品进行不同的工艺加工，能独立完成一种或几种产品（零件、部件）的全部或部分的工艺过程，而不用跨越其他的生产单位。如汽车制造厂中的发动机车间、底盘车间、机床厂中的齿轮车间等，都是对象专业化生产单位。

生产过程的时间组织是研究产品生产过程各环节在时间上的衔接和结合的方式。生产过程各环节之间时间衔接越紧密，就越能缩短生产周期，从而提高生产效率，降低生产成本。顺序移动、平行移动、平行顺序移动是生产过程时间组织的三种移动方式。

在企业中，任何生产过程的组织形式都是生产过程的空间组织与时间组织的结合。企业必须根据其生产目的和条件，将生产过程空间组织与时间组织有机地结合，采用适合自己生产特点的生产组织形式。

知识链接

顺序移动、平行移动与平行顺序移动

顺序移动方式是指一批零件在前一道工序全部加工完毕后，整批转移到下一道工序进行加工的移动方式。其特点是：一道工序在工作，其他工序都在等待。

平行移动方式是指一批零件中的每个零件在每道工序完毕以后，立即转移到后道工序加工的移动方式。其特点是：一批零件同时在不同工序上平行加工，缩短了生产周期。

平行顺序移动方式吸收了上述两种移动方式的优点，避开了其短处，但组织和计划工作比较复杂。平行顺序移动方式的特点是：当一批零件在前道工序上尚未全部加工完毕，就将已加工的部分零件转到下道工序进行加工，并使下道工序

能够连续地、全部地加工完该批零件。为了达到这一要求，要按下面规则运送零件：当前一道工序时间少于后道工序的时间时，前一道工序完成后的零件立即转送下道工序；当前道工序时间多于后道工序时间时，则要等待前一道工序完成的零件数足以保证后道工序连续加工时，才将完工的零件转送后道工序。这样就可将人力及设备的零散时间集中使用。

2. 生产过程组织的构成

生产过程中的各种劳动按照作用或性质，可分为生产技术准备过程、辅助生产过程、基本生产过程和生产服务过程，其关系如图 4—1—2 所示。

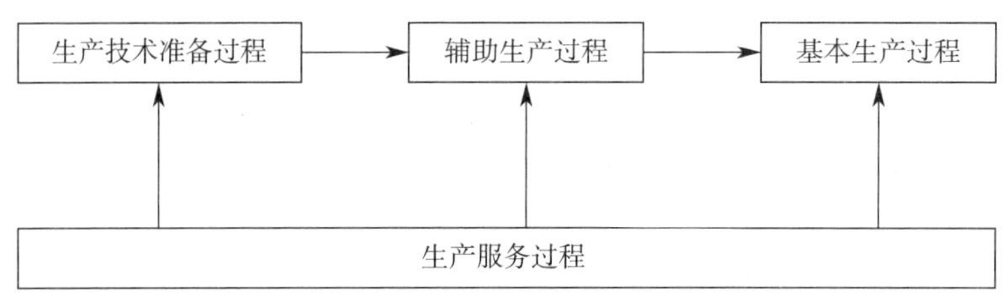

图 4—1—2　生产过程组织的构成

（1）生产技术准备过程

生产技术准备过程是指产品投入生产以前所进行的各项生产技术准备工作过程。包括产品生产前的产品设计、工艺设计、设备设计和制造、标准化工作和设备布置等内容。

（2）辅助生产过程

辅助生产过程是指为保证基本生产过程正常进行所开展的各种辅助性生产活动的过程，如动力的供应、设备的维修、模具的制造等。

（3）基本生产过程

基本生产过程是指通过加工直接把劳动对象变为基本产品的过程，如机械工业企业的铸造、锻造、机械加工和装配，纺织企业的纺纱、织布和印染等。基本生产过程在企业整个生产过程中占主导地位，其他过程都是为实现基本生产过程而服务的。

基本生产过程通常可以划分为相互联系的生产阶段，每个阶段又可分为若干相互联系的工序。

所谓工序是指一个或几个工人，在一个工作地，对一定的劳动对象所进行的连续加工的生产活动。工序是生产过程的基本环节，也是生产组织的基本单位。工作地是工人使用劳动工具对劳动对象进行生产活动的场所，是一定工作面积或空间和机器设备的总称。

正确划分工序对于组织生产、编制生产计划和配备工人有着直接的影响。工序划分的主要依据是零件或产品的技术要求、企业的现有条件、劳动分工以及劳动生产率等因素。

（4）生产服务过程

生产服务过程是指为了保证基本生产和辅助生产正常进行的生产服务活动的过程，如各种材料、工具的供应、保管、运输等。

3. 生产过程组织的形式

目前，企业通常采用以下三种效率较高的生产过程组织形式。

（1）流水线

流水线又称为流水作业，是指劳动对象按照一定的工艺过程，顺序地、一件接一件地通过各个工作地，并按照统一的生产速度和路线，完成工序作业的生产过程组织形式。它将对象专业化的空间组织方式和平行移动的时间组织方式有机结合，是一种先进的生产组织形式。流水线具有专业性、连续性、节奏性、封闭性等特点，主要适用于产品结构和工艺稳定、产量足够大的产品。自动化流水线是流水线的高级形式，它依靠自动化机械体系实现产品的加工过程，是一种高度连续的、完全自动化的生产组织。

（2）成组技术

成组技术就是用批量的生产技术和专业化方法组织多品种生产，提高多品种小批量条件下的生产效率。成组技术以零部件的相似性（主要指零件的材质结构、工艺等方面）和零件类型分布的稳定性、规律性为基础，对其进行分类、归并成组并组织生产。在成组技术应用中，出现了一具多用的成组夹具，一组成组夹具一般可用于几种甚至几十种零件的加工。成组技术从根本上改变了传统的生产组织方法，它不以单一产品为生产对象，而是以“零件组”为对象编制成组工艺过程和成组作业计划。成组技术主要应用于机械制造、电子、兵器等零件具有相似性的众多领域。

（3）柔性制造单元

柔性制造单元即以数控机床或数控加工中心为主体，依靠有效的成组作业计划，利用机器人和自动运输小车实现工件和刀具的传递、装卸及加工过程的全部自动化和一体化的生产组织。它是成组加工系统实现加工合理化的高级形式。它具有机床利用率高、加工制造与研制周期短、在制品及零件库存量低的优点。柔性制造单元与自动化立体仓库、自动装卸站、自动牵引车等结合，由中央计算机控制进行自动加工，就形成柔性制造系统；柔性制造单元与计算机辅助设计等功能结合，则形成计算机一体化制造系统。

4. 生产过程组织的目标

生产过程组织的目标是要使产品在生产过程中的行程最短、时间最省、占用和耗费最少、效率最高、取得的生产成果和经济效益最大，具体要求是：

（1）连续性，是指产品生产过程的各个阶段、各个工序，在时间上紧密衔接、连续进行，不发生或很少发生中断现象。

（2）平行性，是指产品生产过程的各项活动、各个工序在时间上实现平行作业，是生产过程连续性的必然要求。

（3）单项性，是指产品在生产过程中的转移要向一个方向流动。

（4）比例性，是指产品生产过程各个阶段、各个工序之间，在生产能力上应保持一定的比例关系，以适应产品生产的要求。

（5）均衡性，是指企业及其各个生产环节的工作都能够按计划进度要求有节奏地进行。

（6）适应性，是指生产过程具有灵活应变的能力，以适应市场需求的变化。

三、企业生产现场管理

1. 生产现场管理的定义

生产现场作为作业场所，是指从事产品生产、制造或提供生产服务的场所，它既包括生产前方各基本生产车间的作业场所，也包括生产后方各辅助部门的作业场所，如库房、实验室、锅炉房等。

生产现场集中了企业主要的人力、物力和财力，由于企业的主要活动都在生产现场完成，从生产现场的状况就可以了解到企业的经营状况，因此，生产现场管理是非常重要的。

生产现场管理就是指用科学的管理制度、标准和方法对生产现场各生产要素，包括人（工人和管理人员）、机（设备、工具、工位器具）、料（原材料）、法（加工、检测方法）、环（环境）、信（信息）等进行合理有效的计划、组织、协调、控制和检测，使其处于良好的结合状态，达到优质、高效、低耗、均衡、安全、文明生产的目的。

生产现场管理是生产第一线的综合管理，是生产管理的重要内容，也是生产系统合理布置的补充和深入。

2. 生产现场管理的基本内容

（1）现场实行“定置管理”，使人流、物流、信息流畅通有序，现场环境整洁，文明生产。

（2）加强工艺管理，优化工艺路线和工艺布局，提高工艺水平，严格按工艺要求组织生产。

（3）以生产现场组织体系的合理化、高效化为目的，不断优化生产劳动组织，提高劳动效率，使生产处于受控状态，保证产品质量。

（4）健全各项规章制度、技术标准、管理标准、工作标准、劳动及消耗定额等。

（5）建立和完善管理保障体系，有效控制投入产出，提高现场管理的运行效能。

（6）搞好班组建设和民主管理，充分调动员工的积极性和创造性。

生产现场管理是一个复杂的系统工程。开展生产现场管理工作，通常要做好三个方面的工作：一是治理整顿，着重解决生产现场脏、乱、差问题，逐步建立起良好的生产环境和生产秩序；二是专业到位，做到管理中心下移，促进各专业管理的现场到位；三是优化提高，优化现场管理的实质是改善，改善的内容就是目标与现状的差距。

3. 生产现场管理的方法

（1）现场指导

现场指导一般是指“师徒制”或“导师制”生产现场管理方法。新进的员工会有一个师傅级的员工带领，帮助其熟练掌握本岗位的全部操作要领。现场指导可以快速培养熟练员工，在此基础上进行岗位轮换，则可以造就多技能员工。“一专多能”的员工可以提高生产效率，增加生产管理的灵活性。

（2）现场 6S 管理

6S 指的是整理、整顿、清扫、清洁、素养与安全，在 6S 里面最强调素养，所谓“始于素养，归于素养”。生产现场与办公现场的整理、整顿、清扫与清洁工作，由于有专人监督执行，相对容易达到预期效果。但员工素养的养成，与公司的管理、文化以及个人的素质有直接关系，难度系数较大。

广州本田汽车的6S管理

广州本田汽车工厂实施6S管理的成效卓著，其心得在于管好工厂的“两张口”：一个“入口”、一个“出口”，即工厂的员工餐厅与洗手间，这两个地方最能反映员工的素养。广州本田汽车工厂的员工餐厅明亮整洁、一尘不染，却没有专职的清洁工。员工就餐前餐厅是什么样，就餐结束后员工会自觉将它恢复原样，就餐中如有汤水、残羹洒落，员工会立即清扫，保持清洁，所以，员工就餐完毕离开后，餐厅还是之前的整洁状态。作为“出口”的洗手间也通过一些相应措施保持清洁，再加上一些艺术装饰，整洁和舒适程度可以说不亚于五星级酒店。

（3）现场改善

现场改善最基本的做法是通过有效的流程分析，找出生产现场的损失与浪费，并努力将其衡量出来，然后遵循全面质量管理的管理循环，制定并实施改善方案，持续地追求现场价值的最大化。

（4）现场问题解决方法

现场问题解决方法按照全面质量管理的管理循环展开，具体包括八个基本步骤：成立小组、问题描述、短期临时措施、明确和核实原因、选择长期纠正措施、执行长期纠正措施、预防问题重复出现措施、项目完毕。有人将这八个步骤归纳为现场问题解决的8D（Disciplines）法，这种方法符合问题解决的逻辑顺序，有利于群策群力，快速解决现场问题。

4. 生产现场管理的手段

（1）标准化管理

标准化管理就是将企业各种规程、规定、规则、标准、要领等规范形成文字化的标准，然后依标准付诸行动。

（2）目视管理

目视管理就是利用形象直观而又色彩适宜的各种视觉、感知信息，来组织现场生产活动，达到提高劳动生产率的一种管理手段。

（3）看板管理

看板管理是管理可视化的一种表现形式，是发现问题和解决问题非常有效且直观的手段，是优秀的现场管理必不可少的工具之一。

课堂实战

目标任务

通过观察、讨论，对照本节所学生产现场管理的有关知识，运用生产现场管理的方法，找一找班级管理中存在的问题，并提出纠正、改善的方法。

方案设计

以小组为单位，每组自由商讨班级管理中存在的问题，对问题进行分析并提出有关的解决方案后，选派一名学生代表进行展示汇报，其他小组交流讨论。

执行要领

1. 各小组要结合班级的实际情况，展开积极讨论，整理、提炼出班级管理中存在的问题。

2. 各小组要结合本节的学习内容，综合运用企业生产现场管理的方法，对班级管理中存在的问题提出建设性的意见。

3. 在汇报环节，各小组要综合小组成员的意见，做好相关的解释说明工作。

交流讨论

1. 你认为你所在班级的班级管理中存在的最突出问题是什么？

2. 你觉得企业的生产现场管理和班级管理有何异同？

第二节 企业质量管理

【导读】

格力电器：用“最笨的办法”做企业质量管理

格力电器有句名言：“对企业质量管理的仁慈就是对消费者的残忍。”在格力人看来，质量管理没有人情可讲。一台空调由成百上千个零部件组成，每个零部件合格与否，直接决定着整机的性能。为了控制零部件的产品质量，1995 年 3 月，格力成立了筛选工厂，这个 600 人的工厂只负责对所有零部件进行 100% 的筛选，经过各种检测，合格后方能上生产线，连最小的电容器都必须经过严格测试，然后提供给组装车间。这一举措被外界评论为“最笨的方法”，但格力人就是要用“最笨的方法”制造出最好的空调。这看似是人员和财力的极大浪费，但格力人却有自己的见解：只要有 1% 的零部件不合格，那么生产出来的整机便 100% 不合格。因为一部整机即使一个零部件出问题，再怎么维修好，再怎么服务好，消费者心中都会有抹不去的阴影与不舒服感。

筛选工厂对格力空调的质量控制起了很大作用，格力空调的可靠性、稳定性大大提高，维修率大大减少。同时，格力电器还成立了“质量监督队”，设立专人专门监督检查在各生产环节出现的质量问题，发现问题后及时处理。格力电器就这样像“修炼生命一样修炼质量”：从产品设计的源头到采购、生产、包装、运输以及安装、服务等全过程实行了严格的全过程质量控制。截至目前，格力电器创造了空调产销量连续 12 年世界第

一、连续22年国内第一、全球用户超过3亿的奇迹，这些无疑都是其坚守企业质量管理每道程序的收获。

【点评】

企业生产过程中每一个细小失误，都可能给整个企业带来巨大甚至致命的损失。在企业管理中，产品质量对企业的生存和发展具有决定性的意义，所有企业在质量管理上都不能有丝毫的懈怠。

一、质量管理概述

“质量是企业的生命”，没有质量就没有一切。质量是企业生存和发展的第一要素，质量水平的高低，反映了一个企业的综合实力，质量问题是影响企业发展的重要因素。在激烈的市场竞争中，企业必须转变经营观念，树立“质量第一”的管理理念，始终坚持把提高产品质量作为企业的首要战略目标。

1. 质量

质量是指产品的实际使用功能或适用性，即能够满足客户需要的各种性能或特征。

在国际标准ISO 9000中，把质量定义为：一组固有特性满足要求的程度。

（1）硬件类产品质量特性：性能、可信性、可用性、安全性、适应性、经济性、时间性。

（2）服务类产品质量特性：功能性、经济性、安全性、时间性、舒适性、文明性。

（3）软件类产品质量特性：性能、安全性、可靠性、保密性、专用性、经济性。

知识链接

ISO 9000 族标准简介

ISO 9000 族标准是国际标准化组织（ISO）制定的系列标准，现已有 100 多个国家和地区将此标准等同转化为国家标准。ISO 9000 族标准主要针对质量管理，同时涵盖了部分行政管理和财务管理的范畴。

ISO 9000 族标准并不是产品的技术标准，而是针对组织的管理结构、人员、技术能力、各项规章制度、技术文件和内部监督机制等一系列体现组织保证产品及服务质量的管理措施的标准。

1. ISO 9000 族标准的主要内容

（1）机构

标准明确规定了为保证产品质量而必须建立的管理机构及职责权限。

（2）程序

组织的产品生产必须制定规章制度、技术标准、质量手册、质量体系、操作检查程序，并使之文件化。

（3）过程

质量控制是对生产的全部过程加以控制，是面的控制，不是点的控制。

（4）总结

不断地总结、评价质量管理体系，不断地改进质量管理体系，使质量管理水平呈螺旋式上升。

2. ISO 9000 质量管理体系认证的意义

（1）有利于完善企业内部管理，使质量管理制度化、体系化和法制化，提高企业管理水平和产品质量，并确保产品质量的稳定性。

（2）表明尊重消费者权益和对社会负责，增强消费者的信赖，使消费者放心，从而放心地采用其生产的产品。

（3）有利于提高产品的市场竞争力，并树立企业形象，提高组织的知名度，打造企业品牌。

（4）有利于发展外向型经济，扩大市场占有率，是政府采购等招标项目的入场券，是企业向海外市场进军的准入证，是消除贸易壁垒的强有力武器。

（5）通过 ISO 9000 质量管理体系的建立，可以举一反三地建立健全其他管理制度。

一般来讲，质量有四个方面的特点：一是质量不仅包括活动或过程的结果，还包括使质量形成和实现的活动过程本身；二是质量不仅包括产品质量，还包括它们在形成和实现过程中的工作质量；三是质量不仅要满足客户的需要，还要满足社会的需要，并使客户、业主、供方和社会都受益；四是质量问题不仅存在于生产企业，还存在于服务业及其他各行各业。

2. 质量管理

（1）质量管理的定义

质量管理是指为了实现质量目标而进行的所有管理性质的活动。通常包括制定质量方针和质量目标以及质量策划、质量控制、质量保证和质量改进。

知识链接

质量管理的发展阶段

1. 质量检验阶段

20 世纪前，产品质量主要依靠操作者本人的技艺水平和经验来保证，属于"操作者的质量管理"。20 世纪初，以泰勒制为代表的科学管理理论的产生，促使产品的质量检验从加工制造中分离出来，质量管理的职能由操作者转移给工长，是"工长的质量管理"。随着企业生产规模的扩大和产品复杂程度的提高，产品有了技术标准（技术条件），各种检验工具和检验技术也随之发展，大多数企业开始设置检验部门，这时是"检验员的质量管理"。上述几种做法都属于事后检验的质量管理方式。

2. 统计质量控制阶段

1924 年，美国数理统计学家 W.A · 休哈特提出控制和预防缺陷的概念。他运用数理统计的原理提出在生产过程中控制产品质量的“6σ（六西格玛）”法，绘制出第一张控制图并建立了一套统计卡片。以数理统计理论为基础的统计质量控制的推广应用始自第二次世界大战，由于事后检验无法控制武器弹药的质量，美国国防部决定把数理统计法用于质量管理，并由标准协会制定有关数理统计方法应用于质量管理方面的规划，成立了专门委员会，并于1941—1942年先后公布一批美国战时的质量管理标准。

3. 全面质量管理阶段

20世纪50年代以来，人们对产品的质量从注重产品的一般性能发展为注重产品的耐用性、可靠性、安全性、维修性和经济性等。在生产技术和企业管理中要求运用系统的观点来研究质量问题。在管理理论上也有新的发展，突出重视人的因素，强调依靠企业全体人员的努力来保证质量。此外，还有“保护消费者利益”运动的兴起，企业之间市场竞争越来越激烈。在这种情况下，美国人A.V·费根鲍姆于60年代初提出全面质量管理的概念。他提出，全面质量管理是“为了能够在最经济的水平上，并考虑到充分满足顾客要求的条件下进行生产和提供服务，并把企业各部门在研制质量、维持质量和提高质量方面的活动构成为一体的一种有效体系”。

（2）质量管理的特性

质量管理的发展与工业生产技术和管理科学的发展密切相关。现代关于质量管理的特性包括对社会性、经济性和系统性三方面的认识。

1）质量社会性。质量的好坏不仅从直接客户的角度评价，还从整个社会的角度来评价，尤其关系到生产安全、环境污染、生态平衡等问题时更是如此。

2）质量经济性。质量不仅从某些技术指标来考虑，还从制造成本、价格、使用价值和消耗等几方面来综合评价。在确定质量水平或目标时，不能脱离社会的条件和需要，不能单纯追求技术上的先进性，还应考虑使用上的经济合理性，使质量和价格达到合理的平衡。

3）质量系统性。质量是一个受到设计、制造、安装、使用、维护等因素影响的复杂系统。例如，汽车是一个复杂的机械系统，同时又是涉及道路、司机、乘客、货物、交通制度等特点的使用系统。产品的质量应该达到多维度、系统性评价的目标。

（3）质量管理的意义

从微观上讲，质量是企业赖以生存和发展的保证，是开拓市场的生命线。客户对产品质量的要求越来越高，提高质量能增强企业在市场的竞争力；产品质量是提高客户满意度的必要因素，较好的质量会给企业带来丰厚的回报；质量是企业品牌的保护伞，严抓质量可以提高企业的美誉度；加强质量管理也是维护人们的身心健康的必要措施。

从宏观上讲，当今世界经济的竞争，很大程度上取决于一个国家的产品质量和服务质量，质量水平的高低从侧面反映了国家经济、科技、教育和管理的综合水平。在这种情况下，企业将提高产品质量作为经营战略之一，才能有机会在国际市场上大显身手。

案例阅读

对标：追求的是品质

汽车质量是汽车制造企业的生命线，尤其对于较为弱势的国内自主汽车品牌而言，质量更是重中之重。作为国内自主品牌，吉利汽车在质量方面投入了大量的精力，通过从产品设计、采购、生产到售后维修的全生命周期质量管控、反馈与改进，实现了汽车质量的持续提升。

2012 年，吉利转变经营思路，提出了“对标管理、品质经营”的口号，实行“质量一把手”工程。对标就是把产品直通率、单车不良率、换模时间等生产中的一系列核心指标，与世界上最好的汽车公司标准进行对比，发现差距后明确谁来改、怎么改、什么时间改，如何改等一系列问题。对每一个问题都要进行数据对标、实物对标、标准对标、品质对标。在吉利，专门有一个质量分析室和一个物品解析室，功能就是进行产品对标和品质改善。

秉承着追求品质的管理理念，吉利的工作效率、产品质量得到大幅提升。2017 年，吉利汽车年销量达到了 124 万辆。吉利汽车致力于进入全球汽车企业十强，让吉利汽车成为具竞争力和受人尊敬的中国汽车品牌。

二、全面质量管理

1. 全面质量管理的定义

全面质量管理即 TQM（Total Quality Management），是指一个组织以质量为中心，以全员参与为基础，目的在于通过使客户满意和本组织所有成员及社会受益而达到长期成功的管理途径。一般来讲，全面质量管理有五个显著特点：

一是全面性，是指全面质量管理的对象是企业生产经营的全过程。

二是全员性，是指全面质量管理要依靠全体员工。

三是预防性，是指全面质量管理应具有高度的预防性。

四是服务性，主要表现在企业以自己的产品或劳务满足客户的需要，为客户服务。

五是科学性，全面质量管理必须科学化，必须更加自觉地利用现代科学技术和先进的科学管理方法。

知识链接

全面质量管理在我国的发展

我国自 1978 年开始推行全面质量管理，至今已有 40 多年。40 多年来，从中央到地方，从政府到企业，各行各业都针对经济全球化迅速发展所带来的机遇与挑战，对质量工作给予了高度重视。为加强质量工作，我国采取了企业、政府、社会齐抓共管，企业自律、市场竞争、政府监督“三管齐下”，明确地方政府在产品质量工作中的责任，“以法治国”等一系列措施来实现产品质量总体水平的提高。

2. 全面质量管理的内容

全面质量管理过程的全面性，决定了全面质量管理的内容具体包括设计过程、制造过程、辅助过程、使用过程四个方面。

（1）设计过程质量管理的内容

产品设计过程的质量管理是全面质量管理的首要环节，包括市场调查、产品设计、工艺准备、试制和鉴定等过程（即产品正式投产前的全部技术准备过程）。其主要工作内容包括：通过市场调查研究，根据客户要求、科技情报与企业的经营目标，制定产品质量目标；组织由销售、使用、科研、设计、工艺、制度和质量管理等多部门参加的审查和验证，确定适合的设计方案；保证技术文件的质量；做好标准化审查工作；督促遵守设计试制的工作程序等。

（2）制造过程质量管理的内容

制造过程是指对产品直接进行加工的过程。它是产品质量形成的基础，是企业质量管理的基本环节。制造过程的基本任务是保证产品的制造质量，建立一个能够稳定生产合格品和优质品的生产系统。其主要工作内容包括：组织质量检验工作，组织和促进文明生产，组织质量分析，掌握质量动态，组织工序的质量控制，建立管理制度等。

（3）辅助过程质量管理的内容

辅助过程是指为保证制造过程正常进行而提供各种物资技术条件的过程。它包括物资采购供应、动力生产、设备维修、工具制造、仓库保管、运输服务等。其主要工作内容包括：做好物资采购供应（包括外协准备）的质量管理，保证采购质量，严格入库物资的检查验收，按质、按量、按期地提供生产所需要的各种物资（包括原材料、辅助材料、燃料等）；组织好设备维修工作，保持设备良好的技术状态；做好工具制造和供应的质量管理工作等。

（4）使用过程质量管理的内容

使用过程是考验产品实际质量的过程，它是企业内部质量管理的继续，也是全面质量管理的出发点和落脚点。这一过程质量管理的基本任务是提高服务质量（包括售前服务和售后服务），保证产品的实际使用效果，不断推动企业研究和改进产品质量。其主要工作内容包括：开展技术服务工作，处理出厂产品质量问题，调查产品使用效果和客户要求。

3. 全面质量管理的特征

全面质量管理有三个核心特征：全员参与的质量管理、全过程的质量管理和全面的质量管理。

（1）全员参与的质量管理

参与企业生产经营的每个员工的工作质量都会直接或间接地影响到产品质量，这就要求企业所有员工都要树立质量意识，遵守质量职责，完成质量任务，认真执行各项质量标准，使质量管理建立在牢固的基础之上。

（2）全过程的质量管理

产品的质量都有它形成和实现的过程，这一过程一般要经过市场调研、产品开发设计、生产技术准备、材料采购、生产制造、产品检验以及销售、服务等环节。这些环节环环相扣、相互联系、相互制约，只有形成全过程的管理体系，才能保证和提高产品质量。

（3）全面的质量管理

所谓“全面”，就是要求综合运用专业技术、管理技术、数理统计以及教育培训等方法，从而有效地控制影响质量的技术因素、管理因素、人的因素、企业内部因素和企业外部因素。

案例阅读

纽约市公园及娱乐局实施全面质量管理

纽约市公园及娱乐局的主要任务是负责城市公共活动场所（包括公园、沙滩、操场、娱乐设施、广场等）的清洁和安全工作，并增进居民在健康和休闲方面的兴趣。市民将娱乐资源看作重要的基础设施，因此公众对该部门的重要性是认同的。

为了应对预算削减，该部门将全面质量管理逐步引入组织中，即顾问团训练高层管理者让他们接受全面质量管理的核心理念，并将全面质量管理观念逐步灌输给组织成员。

有关分析显示了该部门实施全面质量管理获得了可观的财政和运作收益。

4. 全面质量管理的工作程序

PDCA 管理循环是全面质量管理最基本的工作程序，即计划—执行—检查—

处理（Plan—Do—Check—Action）。这是美国统计学家戴明（W.E.Deming）发明的，因此也称之为戴明循环，如图 4—2—1 所示。

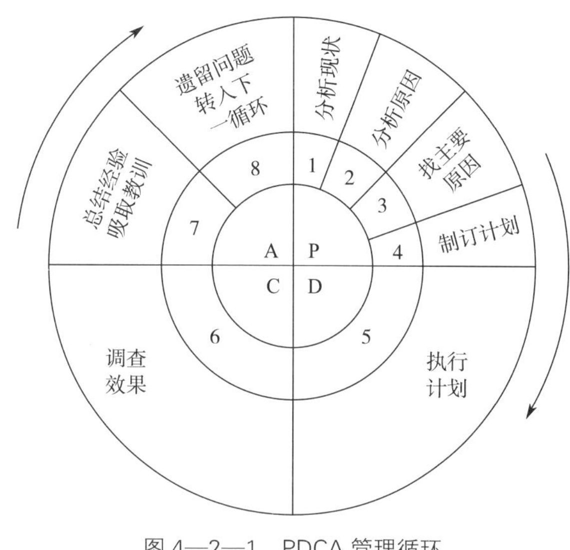

图 4—2—1　PDCA 管理循环

（1）第一个阶段　计划阶段（P）

主要内容是制订质量目标、活动计划、管理项目和措施方案。具体步骤是：

1）分析现状，找出存在的质量问题。

2）分析产生质量问题的各种原因和影响因素。

3）从各种原因中找出造成质量问题的主要原因。

4）针对造成质量问题的主要原因，制订技术措施方案，提出解决措施的计划并预测预期效果，然后具体落实到执行者、时间进度、地点和完成方法等各个方面。

（2）第二个阶段　执行阶段（D）

执行阶段就是将制订的计划和措施，具体组织实施。

（3）第三个阶段　检查阶段（C）

检查阶段主要是在计划执行过程中或执行之后，检查执行情况是否符合计划的预期结果。

（4）第四个阶段　处理阶段（A）

处理阶段包括两个工作步骤：一是总结经验教训，巩固成绩，处理差错；二是将未解决的问题转入下一个循环，作为下一个循环的计划目标。

PDCA 循环的特点：一是 PDCA 循环是一个不断的循环过程，每一个循环都通过总结经验，促进产品质量或工作质量的进一步提高，如图 4—2—2 所示。

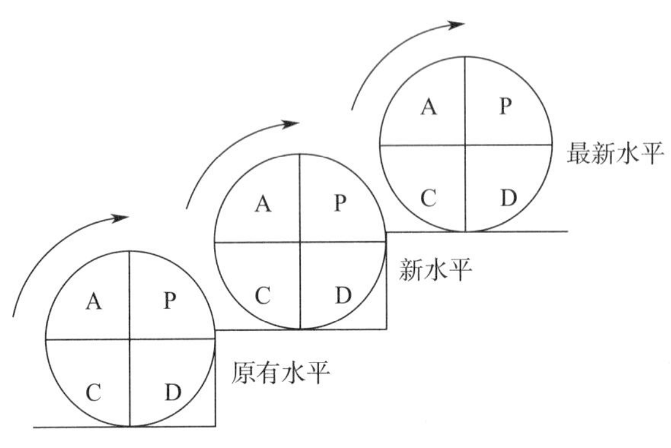

图 4—2—2　PDCA 循环上升

二是大循环套小循环，小循环保大循环，环环相扣。企业是一个有机整体，企业的 PDCA 循环必然要包含各部门的 PDCA 循环，而各部门的 PDCA 循环必须服从并保证整个企业的 PDCA 循环，如图 4—2—3 所示。

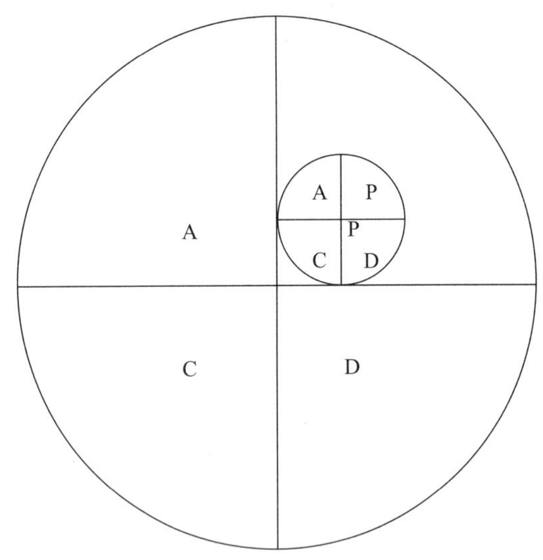

图 4—2—3　PDCA 大循环与小循环

三是 PDCA 循环是一个综合性的循环，P、D、C、A 四个阶段的划分是相对的。在实践中往往可能是边计划边实施，边实施边检查，边检查边总结、调整计划，并不是机械地去执行。

案例阅读

美的公司的质量管理

在美的公司的生产现场，看不到在其他企业内常见的手持检测仪器进行质量检查的检查员的身影，但是美的的产品质量却领先于国内同行业厂家。

没有检查员，一旦加工出不合格的产品怎么办?

美的公司在用最先进的检测仪器检测产品最终质量的同时，采用了和绝大多数企业完全相反的质量管理方法，取消工序检查员，把“质量三确认原则”作为质量管理的最基本原则，即每一位员工都要“确认上道工序零部件的加工质量，确认本工序加工技术的质量要求，确认交付下道工序的产品质量”，从而在上下工序间创造了一种类似于“买卖”关系的质量管理模式。

正是通过这种“买卖化”的独特的质量管理方式，形成了没有专职检查员，但每个员工都是检查员的人人严把质量关的局面，从而保证了“不合格品流转率为零”的目标得以实现，确保最终生产出近乎完美的零缺陷产品。“一切以预防为主”“一切用数据说话”和“一切使用户满意”的质量管理理念，在美的公司得以实行，并取得了丰硕的成果。

5. 全面质量管理的新思想——让客户完全满意

让客户完全满意是倡导一种“以客户为中心”的文化，它要求超越客户的期望，适应客户需求变化、利用客户需求变化和改变（或引导）客户需求变化，使企业成为市场竞争的赢家。同时，主张以人为中心，摒弃“产品与服务质量好、售价低”的片面观念，实现供货时间、品质与性能质量、售价、服务和对环境影响的综合优化。

案例阅读

苏宁——让客户满意

苏宁电器是我国最大的商业连锁企业。从创立开始，苏宁就把提升服务质量作为工作的重点，把让客户满意作为苏宁服务的终极目标。20多年来，苏宁电器立志服务品牌定位，始终致力于协同连锁店、物流、售后、客服四大终端，为客户提供涵盖售前、售中、售后全流程一体化的阳光服务，全方位提升客户满意度。

1. 店面服务方面

苏宁电器以消费者为核心，不断拓展产品品类，创新店面环境布局与服务，率先推出“5S服务”，为客户提供优质丰富的精选产品、快捷满意的购物体验、一站式的整体解决方案和省心、放心的服务保障。

2. 物流配送方面

苏宁推出了物流“准时配送，延时赔付”服务，通过小件物流（B2C物流）、TMS（终端远程维护管理系统）和配套GPS（全球定位系统）等设备，提高了服务时效性。

3. 售后服务方面

苏宁实行作业管理一体化、蓝领工程、规范化的作业流程和作业工艺等，有力地提高了服务效率，进而提升客户满意度。

4. 客户服务方面

苏宁上线了“多媒体客户服务平台”，全面升级信息管理系统，实现了以客户为核心的数据集成，提供专业化、个性化、创新性的服务。

三、产品质量认证和标准

1. 产品质量认证

产品质量认证也称产品认证，国际上称为合格认证，是指法定认证机构依据具有国际先进水平的产品标准和技术要求，经过独立评审，对于符合条件的产品，颁发认证证书和认证标志，从而证明某一产品达到相应标准的制度。

（1）产品质量认证的依据

产品质量认证的依据是认证检验机构对产品质量进行检验、评定所依据的标准和相应的技术要求。由于我国的标准体系中有国家标准、行业标准、地方标准、企业标准，不同产品有不同的特征及特性要求，所以认证机构在开展产品质量认证工作时，主要有以下几类依据：

一是一般产品开展质量认证，应以具有国际水平的国家标准或行业标准为依据。对于现行国家标准或行业标准内容不能满足认证需要的，应当由认证机构组织制定补充技术要求。

二是我国名、特、优产品开展产品质量认证，应当以经国家市场监督管理总局确认的标准和技术要求作为认证依据。

三是经过国家市场监督管理总局批准加入了相应国际认证组织的认证机构（如电子元器件认证委员会、电工产品认证委员会）进行产品质量认证时，应以国际认证组织已经公布并已转化为我国国家标准或行业标准的标准作为认证依据。

四是我国已与国外有关认证机构签订双边或多边合作协议的产品，应按照合作协议规定采用的标准开展产品质量认证工作。

（2）产品质量认证的种类

产品质量认证分为安全认证和合格认证。

安全认证是指凡根据安全标准进行认证或只对产品标准中有关安全的项目进行认证的，称为安全认证。它是对产品在生产、储运、使用过程中是否具备保证人身安全与避免环境遭受危害等基本性能的认证，属于强制性认证。实行安全认证的产品，必须符合《中华人民共和国标准化法》（以下简称《标准化法》）中有关强制性标准的要求。

合格认证是依据产品标准的要求，对产品的全部性能进行的综合性质量认证，一般属于自愿性认证。实行合格认证的产品，必须符合《标准化法》规定的国家标准或者行业标准的要求。

（3）产品质量认证标志

产品质量认证标志是指产品经法定的认证机构按规定的认证程序认证合格，准许在该产品及其包装上使用的表明该产品的有关质量性能符合认证标准的标志。目前，我国国内经国务院产品质量监督部门批准的认证标志主要有 3 种：适用于电工产品的专用认证标志——长城标志，适用于电子元器件产品的专用认证标志——PRC 标志，以及适用于食品质量安全的认证标志——QS 标志，如图 4—2—4 所示。

长城标志（电工产品专用认证标志）

PRC标志（电子元器件专用认证标志）

QS标志（食品质量安全认证标志）

图 4—2—4　产品质量认证标志

此外，一些权威的国际机构和外国认证机构按照自己的认证标准，也对向其申请认证并经认证合格的我国国内生产的产品颁发其认证标志。如国际羊毛局的纯羊毛标志、美国保险商实验室的 UL 标志等，都是在国际上有较大影响力的认证标志。

（4）产品质量认证的意义

实行产品质量认证的目的是保证产品质量，提高产品信誉，保护用户和消费者的利益，促进国际贸易和发展国际质量认证合作。其意义具体表现在以下几方面：

一是提高产品质量信誉和在国内外市场上的竞争力。产品在获得质量认证证书和认证标志并通过注册加以公布后，就可以在激烈的国内、国际市场竞争中提高可信度，有利于企业占领市场，提高经济效益。

二是提高产品质量水平，全面推动经济的发展。产品质量认证制度的实施，可以促进企业进行全面质量管理，并及时解决在认证检查中发现的质量问题；可以加强国家对产品质量进行有效的监督和管理，促进产品质量水平不断提高。同时，已取得质量认证的产品，还可以减少重复检验和评定的费用。

三是提供产品信息，指导消费，保护消费者利益，提高社会效益。消费者购买商品时，可以从认证注册公告或从商品及其包装上的认证标志中获得可靠的质量信息，经过比较和挑选，购买到满意的商品。

（5）产品质量认证与质量管理体系认证的区别

一是认证对象不同。质量管理体系认证与产品认证最主要的区别就是认证的对象不同。产品认证的对象是特定产品，既要对产品做型式试验，以确定产品质量是否符合指定标准要求，又要对组织的质量管理体系进行评定，评定组织是否具有质量保证能力，能否持续稳定地提供合格产品。而质量体系认证的对象是组织的质量管理体系，仅评价组织的质量管理能力是否达到认证依据标准的要求。

二是认证依据不同。质量管理体系认证的依据是等同于 ISO 9000 族系列标准的有关国家标准。它的作用是能够提高客户对供方的信任，增加订货，减少客户对供方的检查评定，有利于客户选择合格的供方。而产品认证的依据除了认证机构确定的质量管理体系要求外，还包括技术依据，即申请认证产品的相关国家或行业标准。

三是证书和标志的使用不同。企业通过质量管理体系认证仅证明其质量管理水平达到了相应的认证依据标准的要求，并不能证明企业的每批产品都是合格的，所以质量管理体系认证证书只能用于企业宣传，不能用在企业所生产的产品上。质量管理体系认证不能使用认证标志，而产品认证的对象是特定的产品，企业通过产品认证即证明其产品是满足相应产品标准要求的，所以企业除可将产品认证证书用于宣传外，还可根据认证机构的要求在通过认证的产品上使用认证标志。

2. 产品质量标准

产品质量标准是产品生产、检验和评定质量的技术依据。产品质量特性一般以定量表示，如强度、硬度、化学成分等；对于难以直接定量表示的，如舒适、灵敏、操作方便等，则通过产品和零部件的试验研究，确定若干技术参数，以间接定量反映产品质量特性。对企业来说，为了使生产经营能够有条不紊地进行，从原材料进厂一直到产品销售等各个环节，都必须有相应标准作保证。它不但包括各种技术标准，而且还包括管理标准以确保各项活动的协调进行。

（1）质量标准涵盖的内容

完整的产品质量标准包括技术标准和管理标准两个方面。

技术标准是对技术活动中需要统一协调的事物制定的技术准则。根据其内容不同，技术标准又可分为基础标准、产品标准和方法标准三方面的内容。基础标准是标准化工作的基础，是制定产品标准和其他标准的依据；产品标准是指对产品质量和规格等方面所作的统一规定，它是衡量产品质量的依据；方法标准是指以提高工作效率和保证工作质量为目的，对生产经营活动中的主要工作程序、操作规则和方法所作的统一规定。

管理标准是指为了达到质量的目标，对企业中重复出现的管理工作所规定的行动准则。它是企业组织和管理生产经营活动的依据和手段。管理标准一般包括以下内容：生产经营工作标准，是对生产经营活动具体工作的工作程序、办事守则、职责范围、控制方法等的具体规定；管理业务标准，是对企业各管理部门的各种管理业务工作要求的具体规定；技术管理标准，是为有效地进行技术管理活动，推动企业技术进步而制定的必须遵守的准则；经济管理标准，是对企业的各种经济管理活动进行协调处理所制定的各种工作准则或要求。

（2）质量标准等级

我国现行的产品质量标准，从标准的适用范围和领域来看，主要包括国际标准、国家标准、行业标准（或部颁标准）和企业标准等。

国际标准是指国际标准化组织（ISO）、国际电工委员会（IEC），以及其他国际组织所制定的标准。其中 ISO 是目前世界上最大的国际标准化组织，IEC 也是比较大的国际标准化组织，它主要负责电工、电子领域的标准化活动。

国家标准是对需要在全国范围内统一的技术要求，由国务院标准化行政主管部门制定的标准。我国的国家标准采用等同于现行的 ISO 9000：2000 标准，编号为 GB/T 19000—2000 系列，其技术内容和编写方法与 ISO 9000 系列相同，使产品质量标准与国际同轨，以利于适应“复关”形势。

行业标准又称为部颁标准，由国务院有关行政主管部门制定并报国务院标准化行政主管部门备案，在公布国家标准之后，该项行业标准即行废止。当某些产品没有国家标准而又需要在全国某个行业范围内统一技术要求时，可以制定行业标准。

企业标准主要是针对企业生产的产品没有国家标准和行业标准的，制定企业标准作为组织生产的依据而产生的。企业的产品标准须报当地政府标准化行政主管部门和有关行政主管部门备案。已有国家标准或者行业标准的，国家鼓励企业制定严于国家标准或者行业标准的企业标准。企业标准只能在企业内部适用。

课堂实战

目标任务

通过观察、讨论，对照本节所学的质量管理的有关知识，针对班级管理中存在的问题，运用 PDCA 工作程序进行分析。

方案设计

以小组为单位，根据上次课堂探讨的班级管理中存在的问题，运用全面质量管理的 PDCA 工作程序，对存在的问题进行系统分析，选派一名学生代表进行展示汇报，其他小组交流讨论。

执行要领

1. 各小组要结合班级的实际情况，展开积极讨论，整理、提炼出班级管理中存在的问题。

2. 各小组要结合本节的学习内容，运用全面质量管理 PDCA 工作程序，对班级管理中存在的问题进行系统分析。

3. 在汇报环节，各小组成员要做好相关的解释说明工作。

交流讨论

1. 你认为企业的质量管理是否适用于学校或班级？为什么？

2. 请你谈谈对全面质量管理 PDCA 工作程序的认识。

思考与练习

一、简答题

1. 生产管理的目标是什么？

2. 生产现场管理的方法有哪些？

3. 质量管理的意义是什么？

4. 全面质量管理的工作流程是什么？

二、案例分析题

案例：

山西某煤矿公司生产一部在全公司组织的“公司清洁文明单位”突击评比活动中，因脏、乱、差而排名倒数第一。会后，公司王经理直接驱车来到厂部、生产车间等地仔细查看，看到的景象也确实令人难以接受。生产一部是公司煤炭的主要生产部门，任务比较重，部门领导一直重视生产任务的完成，忽视了生产现场的管理，现在看到这种情况，王经理认为，该是狠抓狠打的时候了。

王经理立即通知厂部及各车间的负责人，要求他们将本部门在现场管理工作方面存在的问题找出来，第二天做整改汇报。

第二天，王经理亲自主持会议，厂部及车间负责人就生产一部存在的脏、乱、差现象，进行了认真的分析，既谈了存在的问题，也提出了改正的方法。根据存在的问题和提出的改进建议，公司迅速制定了《公司现场 6S 管理标准》，并加以贯彻落实，生产一部的生产现场面貌焕然一新。

问题：

1. 你认为该公司是否有必要对在“公司清洁文明单位”突击评比中落后的部门“大动干戈”？

2.《公司现场 6S 管理标准》是否会影响该公司生产任务的完成？为什么？

第五章 现代企业战略和决策

企业战略和决策是企业为了谋求长期的稳定和发展，在分析和研究企业外部环境和内部条件的基础上，对企业的经营方向、目标、方针和行动方案作出的长期的、系统的和全面的谋划。

对企业而言，如何迅速地发展壮大或长久地保持竞争优势是一个永恒的问题。例如，如何辨明企业的现状，分析企业能获得什么资源，所处的竞争环境如何，已有的技术能力有哪些；在清楚“是什么”的基础上，如何制定一个技术和创新的经营战略；如何平衡新技术开发能力和已有的技术能力；如何运用不同的决策来抓住新兴市场的机会及应对因此带来的挑战等。所有这些问题，都要求企业必须对自身的生产经营行为进行长期的、通盘的谋划，这就是企业战略和企业决策。

学习目标

1. 了解企业战略和企业决策的概念及企业战略管理和决策管理在现代企业发展中的重要作用

2. 了解企业战略管理的原则，掌握企业战略管理的基本过程

3. 了解企业决策管理的内容，掌握企业决策管理的程序

第一节　现代企业战略管理

【导读】

徐工集团的战略定位

徐工集团成立于1943年，70余载潜心专注，徐工集团始终保持中国工程机械行业排头兵的地位，是中国工程机械行业规模最大、产品品种与系列最齐全、最具竞争力和影响力的大型企业集团。徐工集团持续、稳定的发展，源于自身准确的战略定位。

成立以来，徐工集团始终按照以工程机械为核心的多元化发展战略，建立了以国家级技术中心为核心的技术开发体系，不断开发出高附加值、高技术含量的新产品，形成了“严格、踏实、上进、创新”的企业精神，构建了“担大任、行大道、成大器”的核心价值观，并围绕着“成为极具国际竞争力、让国人为之骄傲的世界级企业”愿景，积极发展与国际大公司的合资合作，向着实现千亿元世界级目标阔步迈进。

【点评】

企业在市场经济条件下，时刻面临的问题是：企业从事什么方向的业务？企业如何创造价值？企业的竞争对手有哪些？哪些客户对企业是至关重要的，哪些客户是可以放弃的？如何通过差异化的策略获得自我发展的优势？瞬息万变的市场如同“战场”，企业要立于不败之地，就必须找准自己的经营和管理方向，作出正确的战略定位。

一、企业战略概述

1. 企业战略的定义

战略原为军事用语，引申义是谋略。谋略就是大计谋，是对整体性、长期性、基本性问题的对策和解决方案。

企业战略即企业发展战略，是指企业在市场经济条件下，为了求得生存和发展，根据环境的变化、自身的资源和实力选择适合的经营领域和产品，形成自己的核心竞争力，并通过差异化取胜所进行的总体性、指导性谋划。

知识链接

发展战略理论

发展战略理论是关于企业如何发展的战略理论体系，它有一个系统的发展战略框架，即愿景、战略目标、业务战略和职能战略。

愿景：企业未来要成为一个什么样的企业。

战略目标：企业未来要达到一个什么样的发展目标。

业务战略：企业未来要在哪些客户、哪些区域、哪些产品、哪些产业发展，怎样发展。

职能战略：需要在市场营销、技术研发、生产制造、人力资源、财务投资等方面采取什么样的策略和措施以支持企业愿景、战略目标、业务战略的实现。

愿景是企业战略的起点，它指明了企业的发展方向；战略目标是企业战略的要求，它明确了企业发展速度和发展质量；业务战略包含客户战略、区域战略和产业战略等，是企业战略的手段，它为企业发展提供了发展点；职能战略是企业战略的支撑，它为企业提供了发展能力。

2. 企业战略的特征

企业战略属于宏观管理范畴，具有指导性、全局性、长远性、竞争性、系统性、风险性六大主要特征，见表 5—1—1。

表 5—1—1　　企业战略的特征及内容

企业战略特征	具体内容
指导性	企业战略界定了企业的经营方向、远景目标，明确了企业的经营方针和行动指南，并筹划了实现目标的发展轨迹及指导性的措施、对策，在企业经营管理活动中起着导向的作用
全局性	企业战略立足于未来，通过对国际、国家的政治、经济、文化及行业经营环境的深入分析，结合自身资源，站在系统管理高度，对企业的远景发展轨迹进行全面的规划
长远性	兼顾企业短期利益和长远发展，确立远景目标。围绕远景目标，企业战略必须经历一个持续、长远的奋斗过程，除根据市场变化进行必要的调整外，制定的战略不能朝令夕改，要具有长效的稳定性
竞争性	竞争是市场经济不可回避的现实，也正是因为有了竞争，才确立了战略在经营管理中的主导地位。面对竞争，企业战略需要进行内外环境分析，明确自身的资源优势，通过设计适合的经营模式，形成自身特色，增强企业的对抗性和战斗力，推动企业长远、健康发展
系统性	企业战略确立了远景目标后，还应围绕远景目标设立阶段目标及各阶段目标实现的经营策略，以构成一个环环相扣的战略目标体系。同时，根据组织关系，企业战略需由决策层战略、事业单位战略、职能部门战略三个层级构成一体
风险性	企业作出任何一项决策都存在风险，战略决策也不例外。市场研究深入，行业发展趋势预测准确，设立的远景目标客观，各战略阶段人、财、物等资源调配得当，战略形态选择科学，制定的战略就能引导企业健康、快速的发展。反之，仅凭个人主观判断市场，设立目标过于理想或对行业的发展趋势预测偏差，制定的战略就会产生管理误导，甚至给企业带来破产的风险

3. 企业战略的体系

企业战略是一个体系，它由企业的总体战略和各方面的分战略构成。

（1）企业总体战略

企业总体战略是指对企业的总体发展及其相应的目标与对策进行谋划，是处于支配地位的战略，决定企业的兴衰成败。

企业总体战略可按不同标准进行分类，如图 5—1—1 所示。

（2）企业分战略

企业分战略是在企业总体战略的指导下，对企业的某一方面（如职能、事业、地区等）的发展及其相应的目标与对策进行谋划而制定的战略。分战略和总体战略在发展方向、目标水平及主要对策等方面是一致的，并可保证总体战略的实现。企业分战略的类型见表 5—1—2。

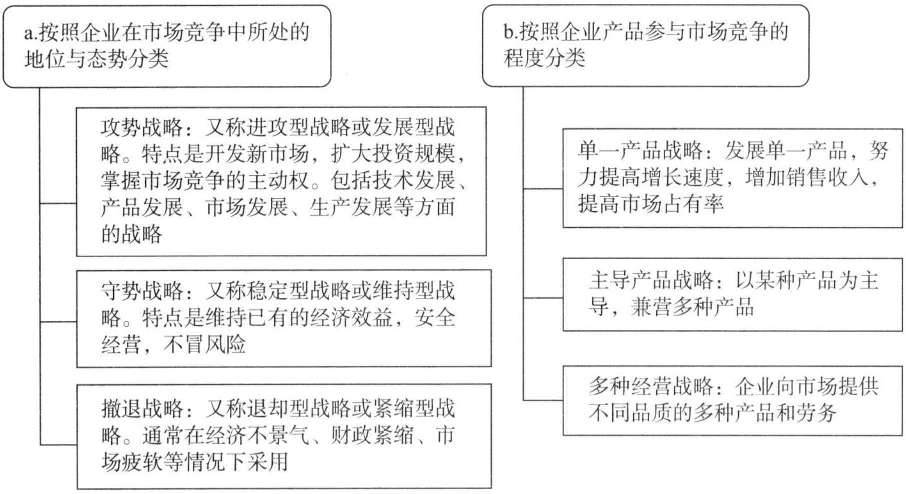

a.按照企业在市场竞争中所处的地位与态势分类

- 攻势战略：又称进攻型战略或发展型战略。特点是开发新市场，扩大投资规模，掌握市场竞争的主动权。包括技术发展、产品发展、市场发展、生产发展等方面的战略
- 守势战略：又称稳定型战略或维持型战略。特点是维持已有的经济效益，安全经营，不冒风险
- 撤退战略：又称退却型战略或紧缩型战略。通常在经济不景气、财政紧缩、市场疲软等情况下采用

b.按照企业产品参与市场竞争的程度分类

- 单一产品战略：发展单一产品，努力提高增长速度，增加销售收入，提高市场占有率
- 主导产品战略：以某种产品为主导，兼营多种产品
- 多种经营战略：企业向市场提供不同品质的多种产品和劳务

图 5—1—1　企业总体战略分类

表 5—1—2　企业分战略的类型

企业分战略类型	战略方向
市场战略	市场是企业生存的基础。只有合理地选择市场，才能极大地发展市场
产品战略	保持产品持续占领市场，不断提高市场占有率，确保效益增长
技术发展战略	通过强化技术开发和推广，坚持引进国外先进技术与自主研发相结合，加快科技成果商品化、产业化进程
人才战略	人才是企业最重要的资源，也是决定企业兴衰成败的重要因素
投资战略	决定企业资金的合理分配和有效利用，规定企业资金投入的方向及数额
竞争战略	研究市场环境，在竞争对手行动的基础上对企业参与市场竞争进行谋划。关系到企业的生存和在竞争中的发展
企业文化战略	培育高素质的员工队伍，创造能充分调动员工积极性和创造性的宽松和谐环境，培育员工的主人翁意识，建立共同的价值观，塑造企业形象，增强凝聚力

案例阅读

喜之郎的企业战略之道

果冻行业“霸主”喜之郎，自 1994 年创业以来，一直奉行单一产品战略，在果冻行业内精耕细作，形成了“健康的、快乐的、儿童的、美味的”品牌认同

及核心品牌价值，使人们想到喜之郎必然想到果冻，想到果冻自然想到喜之郎。这种因实施单一产品战略所打造出的品牌核心竞争力，营造出强大的品牌壁垒，令其他品牌遥不可及。

二、企业战略管理

1. 企业战略管理的定义

企业战略管理有广义和狭义之分。广义的企业战略管理是指对整个企业进行管理，它是将企业日常业务决策同长期计划决策相结合而形成的一系列经营管理业务。狭义的企业战略管理是通过分析、预测、规划、控制等手段，充分利用本企业的人、财、物等资源，确定企业使命，根据企业外部环境和内部经营要素设定企业组织目标，保证目标正确落实并使企业使命最终得以实现的一个动态过程。

这里所讲的企业战略管理，是企业对全局性的发展方向作出决策，并通过组织、领导和控制等职能，保证发展方向得到有力贯彻的一系列管理工作。例如，企业的经营范围、产品和市场的开发、新技术的研究、企业规模的扩大或缩小、企业兼并与联合等问题，都需要有一个总体设计和谋划，并对战略方案进行选择和决策，以达成企业预期的总体战略目标的全过程管理。

案例阅读

中集集团企业战略管理

中集集团即中国国际海运集装箱（集团）股份有限公司，是全球规模最大、品种最齐全的集装箱制造集团，客户包括全球最知名的船运公司和租箱公司，产品遍及北美、欧洲、亚洲等全球主要的海陆物流系统。

2005 年，中集集团制定了自己的产业发展战略：完善创新机制，不断提升为客户创造价值的动力，提高集装箱产业的全球领导地位；加快道路运输车辆发展，完善全球化营运平台，力争在 5 年左右成为全球最主要的供应商；搭建罐式储运设备全球化供应链平台，使之尽快成为业务支撑点；适时启动现代化交通运输装备和服务领域中有生命力的、适合中集集团进入并有能力整合行业的新业务。

清晰的企业战略管理，使中集集团有十多个产品持续多年保持同行业全球销量第一。2016 年 8 月，中集集团在“2016 年中国企业 500 强”中排名第 232 位。

2. 企业战略管理的职能

企业战略管理的重要职能是构建一种机制，识辨企业的战略问题。企业的战略问题是指那些对企业实现战略、达到战略目标的能力有重大影响的企业内部和外部即将出现的问题，或企业环境中新出现的机会，或企业内部可以开发的优势，或外部的潜在威胁，或企业内部足以危害企业生存和发展的劣势等。通过对企业战略问题的分析研究，企业可以获得长期的生存和发展。

3. 企业战略管理的原则

企业战略管理要遵循科学的原则，其具体内容见表 5—1—3。

表 5—1—3　企业战略管理的原则及内容

管理原则	具体内容
适应环境原则	来自环境的影响力在很大程度上会影响企业的经营目标和发展方向。企业战略的制定一定要注重企业与其所处的外部环境的互动性
全程管理原则	战略是一个过程，包括战略的制定、实施、控制与评价等。在这个过程中，各个阶段是互相支持、互相补充的，忽略其中任何一个阶段，企业战略管理都不可能成功
整体最优原则	战略管理要将企业视为一个整体来处理，要强调整体最优，而不是局部最优。战略管理不强调企业某一个局部或部门的重要性，而是通过制定企业总的宗旨、目标来协调各单位、各部门的活动，使它们形成合力
全员参与原则	由于战略管理是全局性的，所以战略管理绝不仅仅是企业领导和战略管理部门的事，在战略管理的全过程中，企业全体员工都将参与
反馈修正原则	战略管理涉及的时间跨度较大，一般在五年以上。战略的实施过程通常分为多个阶段，因此应分步骤实施整体战略。在战略实施过程中，环境因素可能会发生变化。此时，企业只有不断地跟踪反馈方能保证战略的适应性

4. 企业战略管理的过程

企业战略管理的过程是一个动态管理过程，如图 5—1—2 所示。

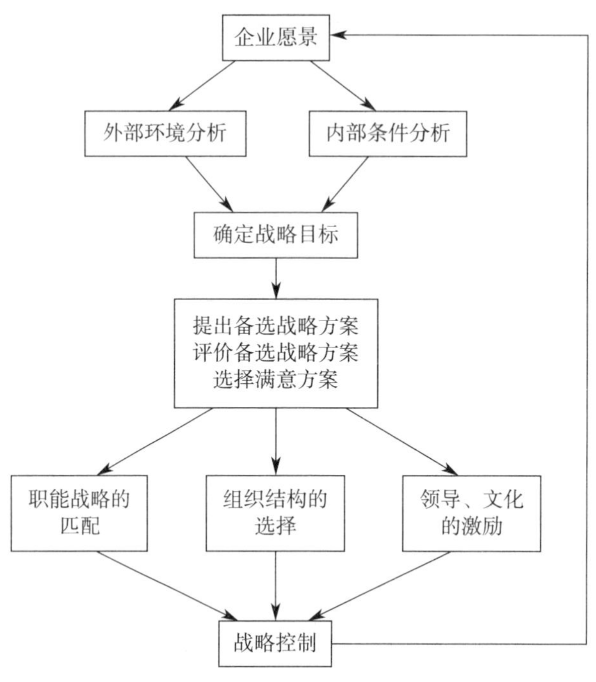

图 5—1—2　企业战略管理的过程

一般来说，企业战略管理包含三个关键要素：

（1）战略分析

战略分析的主要目的是评价影响企业目前和今后发展的关键因素，并分析在战略选择步骤中的具体影响因素。战略分析主要包括三个方面：

第一，确定企业的使命和目标。它们是企业战略制定和评估的依据；

第二，外部环境分析。战略分析要了解企业所处的环境（包括宏观环境、微观环境）正在发生哪些变化，这些变化给企业将带来更多的机会还是更多的威胁；

第三，内部条件分析。战略分析要了解企业自身所具备的条件，具有哪些资源以及战略能力；还需要了解企业相关者的利益期望，在战略制定、评价和实施过程中，这些利益相关者会有哪些反应，这些反应又会对组织行为产生怎样的影响和制约等。

（2）战略选择及评价

1）制定战略选择方案。在战略制定过程中，当然是可供选择的方案越多越好。企业可以从对企业整体目标的保障，对中下层管理人员积极性的发挥以及企业各部门战略方案的协调等多个角度考虑，选择自上而下的方法、自下而上的方法或上下结合的方法来制定战略方案。

2）评估战略备选方案。评估战略备选方案通常使用两个标准：

一是考虑选择的战略是否发挥了企业的优势，克服了劣势；是否利用了机会，将风险削弱到最低程度；

二是考虑选择的战略能否被企业利益相关者所接受。实际上，在选择战略时并不存在最佳的选择标准，管理层和利益相关者的价值观和期望在很大程度上影响着战略的选择。此外，对战略的评估最终还要落实到战略收益、风险和可行性分析的财务指标上。

（3）战略实施及控制

企业的战略方案确定后，必须通过具体化的实际行动，才能实现战略目标。一般来说可在以下四个方面推进战略的实施：

1）制定职能战略。如生产战略、研究与开发战略、市场营销战略、财务战略等。在这些职能战略中要能够体现战略步骤。采取的措施、项目以及大体的时间安排等。

2）构建企业的组织机构。构建的企业组织机构应能够适应所采取的战略，为战略实施提供一个有利的环境。

3）要使领导者的素质及能力与所执行的战略相匹配，即挑选合适的企业高层管理者来贯彻既定的战略方案。

4）建立高效的信息反馈体系。在战略的具体实施过程中，建立高效的信息反馈体系，将经过信息反馈回来的实际成效与预定的战略目标进行比较，以便针对所发现的问题及时调整或更换战略。

5. 企业战略管理的意义

企业战略管理是一个动态的过程，而不是一次性的活动。企业战略管理是依据企业外部环境与内部条件的变化，制定战略、实施战略，并根据执行情况评价和反馈来调整、制定新战略的过程。企业战略管理直接关系企业的兴衰成败，在整个企业管理体系中发挥着极为重要的作用。

（1）企业战略管理有助于企业正确评价外部环境的危机与机遇。外部环境分析对企业非常重要，其重点是识别和评价超出企业控制能力的外部发展趋势和事件，揭示企业所面临的机会和威胁，从而使企业能够对这些因素作出进攻性或防御性的反应。企业只有正确识别和评价外部机会与威胁，才能制定明确的战略目标，设计实现长期战略目标所需的战略方案及相应的政策，并随着企业外部环境的变化作出适度的调整。

（2）企业战略管理有助于提升企业核心能力。通过战略管理中对企业的内部分析，使企业认清自己的优势与劣势，明确企业核心能力建设的方向和企业发展的领域，保证企业的专业性；制定企业发展战略，使企业获得持久的竞争优势和稳定的超额利润。企业采取基于核心能力的发展战略，不仅能够保证企业专业化的发展，还可以在多样性的业务上具备较强的竞争力。

（3）企业战略管理可以优化组合企业人力资源，增强企业的执行力，营造企业文化。再完美的战略，若没有好的执行力，对企业而言也只是空谈。一个企业执行力的高低取决于其人力资源水平。保持企业战略和人力资源战略的一致性是战略优化的核心内容。很多企业由于忽视人力资源管理，导致在战略匹配中出现严重问题。战略管理是一个企业内部各方面高度相互作用的过程，要求对企业内部各种职能领域进行有效的协调。加强组织内的协调与沟通，有助于增强员工的归属感和责任感，并形成企业特有的软实力，即与企业战略目标一致的企业文化。

（4）企业战略管理有助于企业建立起基于消费者价值的战略评价与控制系统。在战略管理中，对战略的实施情况进行系统化的检查、评价和控制是一项极为重要的工作。企业的战略评价与控制系统必须具有灵活性、创新性、主动性、经济性和可行性，并在此基础上能够真实反映企业的经营情况，以促进其他各职能部门的沟通与理解。

课堂实战

相同的起点，不同的结局

中国的巨人集团与美国的微软公司都是靠计算机软件起家，且创业时经营条件十分相似，但发展结果却有很大不同。

巨人集团成立时，国内的计算机软件行业普遍处于起步阶段，竞争程度一般。1989 年，史玉柱和三个伙伴仅用 4 000 元人民币便开始了“巨人”事业，产品只有桌面排版印刷系统一种。到1992年底，产品销售收入近2亿元，企业年发展速度达500%。在财富迅速积累后，巨人集团从1993年开始实施多元化经营战略，同时涉足两个新行业：保健品和房地产，这导致软件本业难以获得充足的资源开发新产品。同时，由于发展新行业要不断抽调软件产业资源，使企业日益失去“造血”功能，市场竞争力逐步下降，企业最终从辉煌走向衰落。

微软公司由比尔·盖茨和保罗·艾伦创建于1975年，创建时加上雇员只有4人，启动资金3 000美元，产品也只有一种BASIC软件。到1997年底，产品销售收入达到328万美元，年发展速度达363%。后来在选择发展方向时有两条道路：软件和硬件。比尔·盖茨在经过缜密分析后认为硬件发展竞争不过IBM、Intel甚至刚刚成立的苹果公司，加上资本不足，最后还是选择了发展软件业。此后，微软公司一直依照这一产业路径，不断开发新产品，先后开发出200多种软件产品，直至垄断世界80%的软件市场。公司创始人比尔·盖茨也成为世界首富。

目标任务

阅读案例，根据所学习的企业战略管理的基本知识，分析巨人集团和微软公司以相同的起点起步，为何会有截然不同的结局。

方案设计

以小组为单位，在规定的时间内分析巨人集团失败的原因以及微软公司成功的原因，并进行记录，选派一名学生代表陈述本组的观点，其他小组交流讨论。

执行要领

1. 认真阅读案例内容。
2. 督促每位同学都积极思考、分析、解决问题。
3. 要注意在规定的时间内汇总整理出本组的观点。

交流讨论

1. 对于其他小组对问题的分析，你有什么看法？
2. 这个案例是否给你带来启示？
3. 请结合本案例谈谈企业战略管理对于企业的重要性。

第二节 现代企业决策管理

【导读】

IBM 和 SONY 的决策

美国的国际商业机器公司（IBM）为了从规模上占领市场，大胆决策购买股权。1982 年，IBM 用 2.5 亿美元从美国英特尔公司手中买下了 12% 的股权，从而足以对付国内外计算机行业的挑战；1983 年，又以 2.28 亿美元收购了美国一家专门生产电讯设备的企业 15% 的股权，从而维持了在办公室自动化设备方面的市场霸主地位。

早在 1965 年，美国的一家公司发明了盒式电视录像装置。可是这家公司只用它来生产一种非常昂贵的广播电台专用设备。而日本索尼公司（SONY）的经营者通过分析论证，认为电视录像装置一旦形成大批量生产，其价格势必降低，许多家庭也可以购买得起此种录像装置。这样一来，家用电子产品这个市场就会扩大。于是马上决策开发家用电视录像装置。由于这一决策的成功，家用电视录像装置的市场一度被 SONY 占去了 90% 多，让其他企业望尘莫及。

【点评】

在棋界有句话："一着不慎，满盘皆输；一着占先，全盘皆活。"它蕴含着一个道理，无论做什么事情，成功与失败很大程度上取决于某项重要的决策。同样，在企业管理方面，科学的企业经营决策能使企业充满活力，兴旺发达；而错误的经营决策会使企业陷入被动，濒临险境。

一、企业决策概述

1. 决策的定义

在现代企业管理中，首先必须明确战略目标，其次要选择达到这一目标的途径、步骤和方法，这就是管理职能中的决策。

企业决策是指为实现某一目标或任务，利用多种信息，对影响目标实现的诸多因素进行计算分析，并对各种相互可以替代的可行方案进行优选后，所作出的决定。

显而易见，决策是一个过程，不是一个“瞬间”，更不是“拍脑袋”，而是一种科学的管理、正确的决定。

2. 决策的要素

（1）决策主体

决策主体有时以个人的形式出现，有时以团体的形式出现，团体形成的决策也称群体决策。

（2）决策目标

目标是组织的各项管理活动所指向的终点，每个组织都应有自己的目标，否则就谈不上决策。科学经营决策的前提是确定决策目标。正确的目标作为评价和监测整个决策行动的准则，不断地影响、调整和控制着决策活动的过程，一旦目标错了，就会导致决策失败。

（3）决策的可行性方案

所谓可行性方案就是实现决策目标的方法与途径。

评价、选择方案的原则是有限合理性或令人满意。所谓“合理”和“满意”是指决策者根据实际情况与目标要求先确定一个最低标准，若选择的方案达到或超过这个标准，并在总体上达到预期效果，即为“合理”和“满意”。

（4）决策理论和决策方法

决策理论和决策方法经历了由小生产方式下的经验决策到现代社会化大生产条件下的科学决策的转变。现在的决策理论是把系统学、运筹学、计算机科学等综合运用于管理决策问题，形成的一门有关决策过程、准则、类型及方法的较完整的理论体系。

（5）决策的实践性

决策是为了实现组织目标而进行的活动。如果只是拿了满意的方案，而不去付诸实施，即使再好的方案也是毫无意义的。只有通过实践的检验才能知道决策方案的科学性，也只有通过实践才能不断地修正方案，使之更加符合实际、更加科学，从而保证组织目标预期效果的实现。

（6）决策的依据

在作出最终决策之前，对每一个备选方案的实施结果进行客观、公正的预测和评价，这既是保证决策科学化的重要前提，也是方案择优的最终依据。在准确可靠的信息基础上，才能对决策进行预测、评价。信息是决策的依据，信息包括内信息和外信息。内信息决定了系统的功能，即决策系统运动、变化、发展的依据；外信息则是决策运动、变化、发展的条件。没有信息，决策者就会与决策对象分离，决策系统就瓦解了，决策也只能是决策者的主观臆断。

3. 决策的分类

由于企业活动非常复杂，管理者的决策也具有多样性，因此，可以依据不同标准将决策分为不同的类型。

（1）按企业决策的重要程度分类

根据企业决策的重要程度，企业决策可以分为企业战略决策、企业管理决策和企业业务决策，具体内容见表 5—2—1。

表 5—2—1　　按企业决策的重要程度分类

分类	具体内容
企业战略决策	企业战略决策是解决全局性、长远性重大问题的决策，一般多由高层决策者作出，如对经营方针、经营目标、生产规模、发展速度、产品开发等的决策
企业管理决策	企业管理决策是指组织的中层管理者为了保证总体战略目标的实现而作出的旨在解决组织局部重要问题的决策。主要包括生产计划和销售计划的制订、资金的运用和设备的选择等方面的决策
企业业务决策	企业业务决策是指企业为了解决日常工作中的业务问题，提高工作效率和经济利益所作出的决策。它属于局部性、短期性、业务性的决策，一般由基层人员进行，如生产任务的分派、作业计划的制订、物资的采购、库存的控制等

（2）按企业决策涉及问题的重复程度分类

根据企业决策涉及问题的重复程度，企业决策可以分为程序化决策和非程序化决策，具体内容见表 5—2—2。

表 5—2—2 按企业决策涉及问题的重复程度分类

分类	具体内容
程序化决策	程序化决策是指对企业日常生产经营活动中经常出现的问题所做的决策，如生产作业计划、订货程序、工资发放等。对于经常出现的常规问题，不必实施新的决策，可以通过制定一套处理这些决策的固定程序、规则和方法加以解决，并可借助计算机进行快速处理
非程序化决策	非程序化决策是指对于不经常出现的复杂的新情况、新问题所做的决策，如对企业产品方向、重大技术改造方案等的决策。由于这些问题以前都没有出现过，所以没有现成的方法和固定的程序来解决，主要依靠企业决策者的经验、洞察力以及决策理论来创造性地解决问题

（3）按决策目标的数量分类

根据决策目标的数量，企业决策可以分为单目标决策和多目标决策，具体内容见表 5—2—3。

表 5—2—3 按决策目标的数量分类

分类	具体内容
单目标决策	单目标决策是指决策行动只要实现一个目标，这种决策比较简单
多目标决策	多目标决策是指一项决策需要实现几个目标。在作出一项复杂决策时，需要妥善处理好多个目标之间的冲突问题

（4）按决策者的人数分类

根据决策者的人数，企业决策可以分为个人决策和群体决策，具体内容见表 5—2—4。

表 5—2—4 按决策者的人数分类

分类	具体内容
个人决策	个人决策也称独裁决策，是指决策机构的主要领导成员通过个人决定的方式，按照个人的判断力、知识、经验和意志所作出的决策。个人决策一般用于日常工作中程序化的决策和管理者职责范围内事情的决策，它具有合理性和局限性
群体决策	群体决策是为充分发挥集体的智慧，由多人共同参与决策分析并制定决策的整体过程。其中，参与决策的人组成了决策群体

二、企业决策管理

1. 企业决策管理的定义

企业决策管理是对企业生产经营的决策过程进行管理的活动，即对确立决策目标、搜集相关信息、谋划多决策方案、选择与决定最优方案、执行决策、反馈控制的活动过程的管理。

2. 企业决策管理的内容

企业决策管理的内容和范围比较广，主要包括以下八个方面。

（1）服务方向决策管理

企业开展生产经营活动，首先要解决的问题是为谁服务和服务的方向是什么，然后才是解决怎么服务的问题。服务方向决策就是要决定为哪些市场服务，要不要开辟新市场或保持原有市场等问题。这些问题对产品品种、工艺、原材料供应、销售以及财务和人事组织等各种决策产生影响，是企业首先要面对和解决的问题。

（2）产品品种决策管理

产品品种决策主要是决定企业生产哪些产品的问题，如哪些产品是主导产品，哪些是次要产品，改造哪些老产品，淘汰哪些过时产品等。如果企业以调整产品结构为主，则经营工作的重点应放在品种的开发上；如果以开发新产品、开辟新市场、争取新用户为主，则经营工作的重点应放在新产品的研制上；如果以老产品扩大服务面为主，则经营工作的重点应放在产品销售上。

（3）生产技术决策管理

生产技术决策包括对企业规模、厂址选择与厂内布局、专业化生产与协作、企业技术改造、新产品研制、老产品改进、产品质量提高、生产工艺革新、设备更新改造、生产指挥与调度等重大问题的决策。

（4）物资供应决策管理

物资供应主要与供货对象、供货方式有关。不管采取哪种物资供应方式，企业必须在供应渠道、采购时间和数量、运输和存储方式、技术指导、资金援助和联合经营等方面作出决策。

（5）产品销售决策管理

产品销售决策主要是为了完成销售目标，对如何开发市场、占领市场和扩大市场等进行决策。如产品推出时间、产品定位、产品价格、推销方式、销售渠道的选择，产品的包装、商标、广告、销售服务策略等都属于销售决策问题。

（6）财务决策管理

财务决策主要包括资金筹措和使用两方面的问题。另外，财务决策还包括劳动报酬标准和分配方法的制定、利润的分配和股息的确定等。

（7）人事组织决策管理

人事组织决策包括人事和组织两方面的决策。前者主要是指人员的选拔、任用、调整、考核，以及职工的培训、使用、奖惩、激励等方式、方法和标准的制定；后者主要是指企业领导体制的确定，生产组织、劳动组织与管理组织的设置，以及相应责权的划分和各种经济责任制的确定等。

（8）联合决策管理

联合决策是指对是否要联合、跟谁联合、采用什么方式联合、联合的内容和条件等方面的决策。

3. 企业决策管理的程序

决策管理是提出问题、分析问题、解决问题的完整动态过程，只有遵循科学的决策程序，才能作出正确的决策。决策管理程序包括五个基本步骤。

（1）识别问题

任何决策都是从发现和提出问题开始的，因此必须首先弄清问题的实质、产生问题的根源、问题可能引发的危险或机会等。如果这一环节没有做好，也就不可能最终作出正确的决策。

一般来说，判断问题的步骤为：确定是否存在问题、问题是否需要解决、问题的严重程度、问题出在何处，进行初步调查，明确真正的问题及其可能的原因，进行深入调查。

（2）确定决策目标

决策是为了解决问题，在所要解决的问题明确以后，还要指出这个问题能不能解决。有时由于客观环境条件的限制，管理者尽管知道存在着某些问题，却无能为力，这时该决策过程随之结束；如果问题在管理人员的有效控制范围内，问题能够得到解决，则要确定应当解决的程度，明确预期的结果，也就是要确定决策目标。确定目标是决策中的重要一环，目标一错，差之毫厘，谬以千里。同样的问题，由于目标不同，所采用的决策方案也会大不相同。

知识链接

企业目标

企业目标是企业所要获取的结果。制定目标有利于指导决策者选择合适的行动方案或路线。

企业目标的表现方式通常有质量目标和数量目标。数量目标采用财物指标和统计指标来表示，如利润目标、成本目标、产量目标等；质量目标一般用比例或比值的方式表示，如产品的市场占有率，反映劳动效率的生产率，反映质量的产品合格率、废品率、次品率以及返修率等。

企业目标按时间的长短可分为长期目标、中期目标和短期目标。长期目标用以指导企业战略决策，中期目标用以考核企业的战略决策，短期目标用以指导企业的业务决策。无论时间长短，目标总是指导随后的决策过程。

（3）搜集资料

搜集与决策有关的经济、技术、社会等各方面的信息资料，是进行科学决策的重要依据。信息量的大小、正确性，直接影响决策的质量。要想在决策上不失误，必须有丰富可靠的信息来源。信息来源主要有统计调查资料和预测资料。

（4）拟订备选方案

方案是目标实施的行动计划、步骤和预算等内容的结合体。拟订供选择用的各种可能方案，是决策的基础。拟订方案阶段的主要任务，是对信息系统提供的数据、信息进行充分的系统分析，并在这个基础上制定出备选方案。

（5）评估备选方案并选择

在方案选择之前，先要对各种备选方案进行评估，尽可能采用现代科学的评估方法和决策技术，如可行性分析、决策树、矩阵决策、模糊决策等技术。这项工作主要由智囊机构的高级研究人员、政策研究人员及从社会上聘请的专家小组来承担。

（6）贯彻实施所选方案

方案的实施是决策过程中至关重要的一步，在方案选定以后，管理者就要制定实施方案的具体措施和步骤，确保方案的正确实施。而且，还要加强对方案实施的监督与评估，及时对方案进行修改和完善，甚至在客观情况发生重大变化时重新进行决策，以适应不断变化的企业内外环境。即使是一个优化方案，在执行过程中，由于主、客观情况的变化，也会发生与目标偏离的情况。因此，必须做好反馈和追踪检查工作。

课堂实战

如果你是公司的决策者，将会如何做呢？

H公司是国内蓄电池设备领域公认的“龙头”企业，其产品序列几乎囊括了蓄电池生产制造和检验过程中所需要的所有设备，特别是在充放电设备领域，因其明显的技术优势，致使国内绝大多数企业无法与之竞争。

然而，就在H公司意气风发地谋求上市之际，一些原本技术能力较低的公司的产品序列突然丰富起来，在充放电设备领域开始与H公司展开竞争。它们不仅价格更低，而且在设备功能以及设备可靠性上与H公司的产品逐渐趋同，甚至产品序列中出现了H公司尚无力为之的高难度产品。这无疑给H公司带来了危机，那么H公司应该用什么方法应对呢？

下面有两种应对策略，如果你是公司的决策者，将如何选择？

1. 以不变应万变，维持原价格不变，突出品牌优势，打造高端产品，不参与价格竞争。这样做的好处是，H公司的品牌深入人心，那几家企业不过是靠价格去争取一些边缘客户，且几家企业难以产生合力，不会对H公司的强势地位造成影响，只要H公司不主动降价应对，那几家企业也不会进行价格竞争，因此大家可以心照不宣地维持相对高价。对于H公司而言，不过是让出了一部分市场（这个市场是另外多家企业共同拥有的，每家都不会很大），但却保证了公司利润的最大化。而可能的不利之处是，为这些企业树立自己的品牌留下了相对充裕的时间。

2. 当机立断，将竞争对手“剿灭”在萌芽状态，在手握品牌优势的前提下，通过主动降价，封死竞争企业的生存空间。这样做的好处是，继续维持自己在市场上的垄断地位，不给这些竞争企业新的生存空间，以绝后患。但显而易见的不利之处是，不可避免地要进行价格战，而H公司为了这一胜利，则要牺牲很多的利润，甚至付出更大的代价。

目标任务

阅读案例，根据所学习的企业决策管理基本知识，站在H公司决策者的角度，选择合适的应对措施。

方案设计

以小组为单位，在规定的时间内分析H公司面临的危机，思考讨论解决方案。同时，对讨论内容进行记录、汇总和整理，并选派一名学生代表陈述本组的观点，其他小组交流讨论。

执行要领

1. 认真阅读案例内容。
2. 督促每位同学都积极思考、分析、解决问题。
3. 要注意在规定的时间内汇总整理出本组的观点。

交流讨论

1. 对于其他组对案例的分析，你有什么看法？
2. 这个案例是否给你带来启示？
3. 请结合本案例谈谈企业决策管理对于企业的重要性。

思考与练习

一、简答题

1. 简述企业战略的特征。
2. 企业战略管理的原则有哪些？
3. 简述企业决策的要素。
4. 简述企业决策管理的程序。

二、案例分析题

康宁公司的经营决策

康宁（Corning）公司在1851年于美国纽约州的康宁市成立，如今是特殊玻璃和陶瓷材料的全球领导厂商，世界500强企业。康宁公司一直是由其创始人康宁家族掌管。1880年，康宁公司成功地制造了第一个灯泡，并一直以制造和加工玻璃为其业务重点。

然而，康宁的这种经营策略也给它带来了许多问题：它的骨干业务——灯泡生产，曾占领三分之一的美国灯泡市场，而如今却丧失了大部分市场，电视显像管的生产也因面临剧烈的竞争而陷入困境。这两条主要产品线都无法再为公司获取利润。面对这种情况，公司既希望开辟新的市场，又不愿意放弃其传统的玻璃生产和加工市场。因此，公司最高层领导制订了一个新的发展计划，计划包括三个方面：第一，决定缩小类似灯泡和电视显像管这样低效的部门规模；第二，决定减少因市场周期性急剧变化而浮动的产品生产；第三，开辟既有挑战性又具有巨大潜在市场的产品。

第三方面又包括三个新的领域：一是开辟光波导器生产——用于电话和电缆电视方面的光波导器和网络系统以及高端而复杂的医疗设备等，希望这方面的年销售量能达到40亿美元；二是开辟生物工艺技术，这种技术在食品行业大有前途；三是利用原来的优势，继续制造医疗用玻璃杯和试管等，并开拓电子医疗诊断设备，希望在这方面能达到同行业中第一或第二的地位。

问题：

1. 请说明什么是战略决策？

2. 请指出康宁公司采用了什么战略决策？简要介绍该决策的战略方向。

第六章 现代企业文化和企业形象

随着市场经济竞争的日益加剧，现代企业为了遵循“可持续发展”的理念，越来越注重企业文化和企业形象两大软实力的提升。企业文化作为指导企业行动的战略性思想和形成企业强大凝聚力的无形资产，是决定企业长远发展的关键因素。而企业形象作为企业文化的外显形态，不仅能够提高企业品牌竞争力，而且有利于提高企业管理水平。可以说，两者是相辅相成、辩证统一的关系，良好的企业形象需要以良好的企业文化为背景，同时，企业形象的完善有利于企业文化的建设。

学习目标

1. 了解企业文化和企业形象的有关概念及内涵，熟悉企业文化和企业形象在现代企业发展中的重要作用

2. 了解企业文化和企业形象的关联性，熟悉企业形象设计的基本步骤，掌握新员工迅速适应企业及企业文化的方法

第一节　现代企业文化

【导读】

“华为”的企业文化

华为技术有限公司是全球领先的信息与通信技术（ICT）解决方案供应商，在多年的发展历程中逐渐形成了“以客户为中心，以奋斗者为本”的企业文化，这其中包含6大企业文化发展内涵：

一是成就客户。为客户服务是华为存在的唯一理由，客户需求是华为发展的原动力。

二是艰苦奋斗。华为没有任何稀缺的资源可依赖，唯有艰苦奋斗才能赢得客户的尊重和信赖。坚持奋斗者为本，使奋斗者获得合理的回报。

三是自我批判。只有坚持自我批判，才能倾听、扬弃和持续超越，才能更容易尊重他人和与他人合作，实现客户、公司、团队和个人的共同发展。

四是开放进取。积极进取，勇于开拓，坚持开放与创新。

五是至诚守信。诚信是华为最重要的无形资产，华为坚持以诚信赢得客户。

六是团队合作。胜则举杯相庆，败则拼死相救。

华为总裁任正非认为资源是会枯竭的，唯有文化才能生生不息。30多年来，华为公司在这一理念的引导下不断发展壮大，并成功迈进了国际化企业的行列。

【启示】

企业文化是现代企业最有战略价值的管理思想和管理方法，是直接影响企业核心竞争力、决定企业兴衰的关键因素。现代企业的竞争优势，已由传统的资源、技术等方面的优势，向企业整体优势，即包括物质、精神、文化等的全面优势发展。拥有优秀的企业文化，并能让这种文化落地生根，是企业得以实现快速、稳健、持久发展的保障。

一、企业文化概述

1. 企业文化的内涵

企业文化是指企业全体员工在长期的创业和发展过程中所培育形成，并共同遵守的最高目标、价值标准、基本信念及行为规范，其目的是激发员工的敬业精神和奉献精神。企业文化是企业的灵魂，是推动企业发展的不竭动力。

从企业的个性意识及内涵来讲，企业文化包括三个方面。

（1）使命

使命就是指存在的价值。优秀企业的使命应该是：为消费者提供优质的产品与服务，为员工营造和谐、相互尊重的工作氛围，为商业伙伴提供公平合理、对等互利的合作平台，使股东投入的股本有高于社会平均报酬的合理回报。

（2）愿景

愿景就是指未来的梦想。优秀企业的愿景应该是把企业发展成为知名企业，树立企业健康、长久发展的典范，经营中不断地为企业的良性发展创造条件。

（3）价值观

价值观就是追求经营成功所推崇的基本信念和奉行的目标。优秀企业的价值观应建立在对员工优秀素质的打造及为客户带来价值的基础上。

从企业的文化结构来讲，企业文化又分为四个层面：

第一层是理念层，又称精神文化，包括企业价值观、企业精神、企业道德、企业使命和企业愿景等。

第二层是制度层，又称制度文化，企业必须通过制度、流程来规范全体员工的行为，最终形成好的习惯、传统和舆论。

第三层是行为层，又称行为文化，行为文化是指企业全体员工在自己的言行中展现出来的文化，包括队伍建设、队伍纪律、执行力和团队精神等。

第四层是物质层，又称物质文化，包括企业的厂房、设备、产品以及办公楼、厂区的环境等。

2. 企业文化的特征

企业文化的特征主要包括以下六个方面：

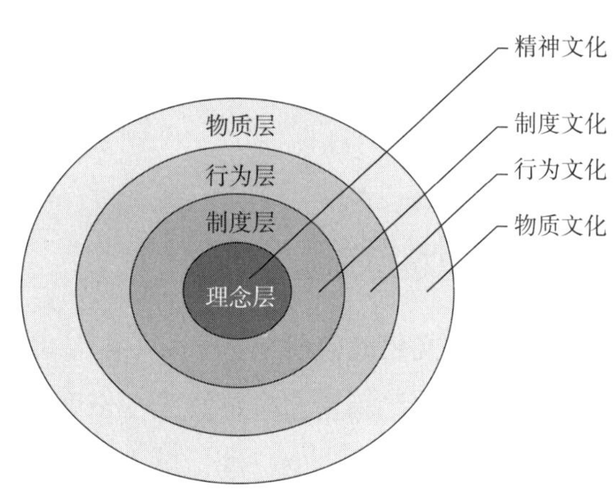

（1）独特性

企业文化具有鲜明的个性和特色，具有相对独立性。每个企业都有其独特的文化积淀，这是由企业的生产经营管理特色、企业传统、企业目标、企业员工素质以及内外环境不同所决定的。

（2）继承性

企业在一定的时空条件下产生、生存和发展，企业文化是历史的产物。企业文化的继承性体现在三个方面：一是继承优秀的民族文化精华，二是继承企业的文化传统，三是继承外来的企业文化实践和研究成果。

（3）相融性

企业文化的相融性体现在它与企业环境的协调和适应性方面。企业文化反映了时代精神，它必然要与企业的经济环境、政治环境、文化环境以及社会环境相融合。

（4）人本性

企业文化是一种以人为本的文化，最本质的内容就是强调人的理想、道德、价值观、行为规范在企业管理中的核心作用，强调在企业管理中要理解人、尊重人、关心人，注重人的全面发展，用愿景鼓舞人，用精神凝聚人，用机制激励人，用环境培育人。

（5）整体性

企业文化是一个有机的统一整体，人的发展和企业的发展密不可分，引导企业员工把个人奋斗目标融于企业发展的整体目标之中，追求企业的整体优势和整体意志的实现。

（6）创新性

创新既是时代的呼唤，又是企业文化自身的内在要求。优秀的企业文化往往在继承中创新，随着企业环境和国内外市场的变化而改革发展，引导大家追求卓越、追求成效、追求创新。

案例阅读

以“仁”为核心的同仁堂

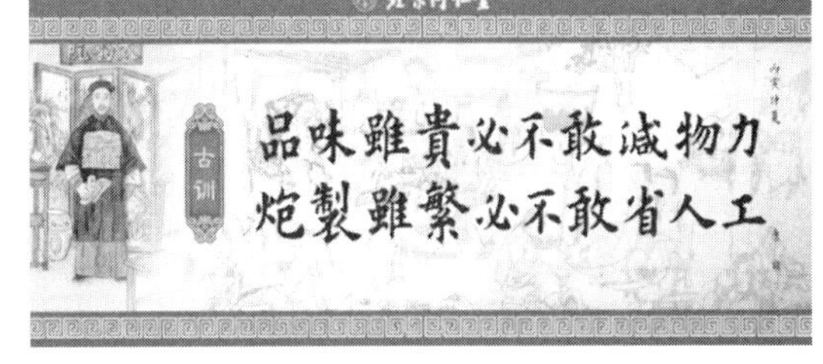

同仁堂是中国中医药行业著名的老字号，创办于1669年（康熙八年），1723年开始供奉御药，历经八代皇帝，至今已有350年的历史。

“同修仁德，济世养生”是同仁堂的企业精神。其含义是指同仁堂崇尚“仁德”精神。“仁德”本意为仁者爱人，亦指同仁堂坚持真理、正义的品行和“先难而后获”，对社会多做贡献的理想追求。发扬“仁德精神”，对内可以修身、敬业、求人和，对外可以报效国家、奉献社会。“济世养生”是“仁德”的最高境界和目标，表明同仁堂作为医药企业，视提高人类健康水平和生命质量为己任，坚持以义取利、以诚守信的精神之道，以爱国爱人之心、仁药仁术之本，取信于民，造福人类。这是同仁堂企业文化的精髓，是中国传统优秀文化的充分体现。

3. 企业文化的作用

企业文化的作用是客观存在于企业文化系统中的，概括地讲，企业文化的作用就是要增强企业内部凝聚力和应对外界环境变化的适应力，具体表现为以下几个方面：

（1）竞争效应

企业经营的重要目标之一是追求利润最大化和价值最大化。理想的效益来源于大批对企业忠诚的客户，而拥有这些忠诚的客户则取决于该企业所具有的市场竞争力，即该企业的产品要为客户产生价值。一般来说，企业核心竞争力有三大要素：一是产品技术开发，二是企业品牌的形成，三是企业文化的构建。其中，企业文化是企业最宝贵的无形资源之一，是企业兴盛与活力的基因。

（2）凝聚效应

一个企业要稳定、健康、持久、协调地向前发展，离不开全体成员的团结奋斗。而企业文化可以起到凝聚力量、增强信心、鼓舞士气的作用，使企业全体成员自觉地与企业共兴衰、同荣辱，组成一个命运共同体。

（3）激励效应

优秀的企业文化，可以使得企业全体成员之间形成良好的合作关系和人际关系，使全体成员积极向上、不断进取，每个成员都具有成就感和荣誉感，每个成员的工作热情在优秀的企业文化氛围中得到极大的提升。

（4）约束效应

一个优秀的企业必须以企业文化的构建来塑造企业良好的形象。同时，优秀企业必须以企业文化的影响力和渗透力来塑造企业员工。企业文化对员工的思想、心理和行为具有约束和规范作用。这种约束源于企业文化氛围、群体行为准则和道德规范。所谓“众怒难犯”，群体意识、社会舆论、共同的行为习惯和风尚等精神文化内容，会造成强大的使个体行为从众化的群体心理压力和动力，使企业员工产生心理共鸣，继而达到行为的自我控制。

（5）导向效应

优秀的企业文化如同一面旗帜，它能对企业个体的思想、行为和个人奋斗目标起主导作用，也能对企业整体的价值取向和经营管理起导向作用。这是因为企业的文化一旦形成，它就建立起了自身系统的价值和规范标准，如果企业成员在价值和行为的取向上与企业文化的系统标准产生悖逆现象，企业文化就会进行纠正，并将其引导到企业的价值观、规范标准和企业总目标上来。

（6）辐射效应

优秀的企业文化不仅在企业内部发挥作用，对本企业员工产生影响，而且也会通过各种信息交流渠道对社会产生影响。企业文化的传播帮助企业树立良好的公共形象，提升企业的社会知名度和美誉度。优秀的企业文化将得到社会的认可，对社会文化的发展产生重要的影响。

案例阅读

海尔的企业文化观

海尔集团创立于1984年，从一家濒临倒闭的集体小厂发展成为全球拥有7万多名员工、2017年营业额达2 419亿元的全球化集团公司，跃升为全球白色家电第一品牌，被美国《新闻周刊》网站评为全球十大创新公司。

在海尔集团从无到有、从小到大、从大到强、从中国走向世界的30多年发展历程中，员工的普遍认同、主动参与成为海尔文化的最大特色。在海尔，你可以看到海尔员工在厂区内行走的时候，始终是走在路边黄线内，如果你去问一声："你为什么在这个黄线内走？"他会很自然地告诉你："我应该走在这里。"因为从员工到海尔的那一天，就接受过这样的文化训练，这种文化已经深深地根植在员工的头脑里。如果你再走进海尔的车间，会发现海尔的车间是光明、整洁的，而且海尔员工的服饰也非常统一，这同样是企业文化的一种表现。

海尔集团的发展与海尔员工个人的价值追求完美地结合在一起，每一位海尔员工在实现海尔集团世界名牌大目标的过程中，都充分实现了个人的价值与追求。

二、现代企业文化建设

现代企业文化建设不仅是建立一种具有时代特色的经营管理方式，更是企业管理与运行的灵魂。它将现代企业文化转化为生产力、经济效益和社会效益，既是现代企业文化本质的要求，也是现代企业科学管理和科学发展的需要。

1. 坚持以人为本

现代企业文化建设的核心是"人的思想建设"。要从企业实际出发，树立

“一切为了员工，为了一切员工”的文化理念，形成关心员工、尊重员工、理解员工、信赖员工的和谐氛围，使企业所倡导的经营理念、价值观、行为模式成为全体员工的共识。只有这样，企业员工才能感受到企业的温馨，才能激发起每个员工极大的工作热情；只有这样，才会形成企业员工爱岗敬业、无私奉献、积极为企业的生存与发展献计献策的良好局面；只有这样，才能使全体企业员工真正体会到“工作着并快乐着”。

2. 实行全员参与

现代企业文化建设必须实行全员参与，企业中的每个人都需要参与进来，无一例外。在企业文化建设中，每一位员工都扮演着自己独有的角色。当然，企业决策及管理者的文化素养对企业文化建设起着决定性作用。企业决策及管理者应是企业文化主旨的设计者、倡导者和执行者，从企业经营实践中，提炼出本企业的理念、价值观，与企业全体成员共同培育本企业的先进文化。同时，企业文化理念、价值观形成之后，企业全体成员应自觉遵守。

案例阅读

“一日经理”

韩国精密机械公司定期让员工轮流当经理管理企业事务。“一日经理”和真正的经理一样，拥有处理公务的权力。当“一日经理”对员工有批评意见时，要详细记录在工作日记上，并让各部门、车间的员工查阅。各部门、车间的主管，要依据批评意见随时改进自己的工作。这样，大部分担任过“一日经理”的员工对企业的认同感大大增强，企业管理成效显著。

该公司实行这一管理制度的第一年就节约了成本三百多万美元，企业将其中一部分作为奖金发放给员工，受到全体员工的欢迎。

3. 注重多元文化的融合

开放的企业必须适应开放的市场，开放的市场必然注入多元文化的元素。行业、体制、规模、结构、管理模式千差万别的企业在市场经济中共存，相互影响，相互作用，相互依存，相互融合。企业文化的建设必须博采众长，借鉴和吸收世界优秀的文化成果，才能充分发挥和提炼本企业文化的特色和优势。若全盘照搬外来企业文化，必然失去本企业文化的根基，若完全排斥和拒绝外来企业文化，就不能优势互补，产生故步自封、停滞发展的后果。

案例阅读

有中国特色的惠普文化

20世纪80年代中期，惠普公司进入中国市场，成立了中美合资的高科技公司——中国惠普有限公司。公司致力于将全球领先的IT技术与中国信息化产业建设相结合，为把中国建设成为信息化强国贡献力量。

为了在全球化竞争中卓有成效地工作，来自国外的经理们都非常重视与公司内中国员工的交流与融合，尽可能地提升对当地文化的包容性。同时，公司为中方管理人员和普通员工开展多种培训，以接纳惠普公司优秀的文化。公司还成立了职工协会，开展各类文体活动，为中外员工增进相互了解提供良好平台。

经过多年发展，惠普文化与中国文化不断融合，形成了有中国特色的惠普文化，保持了业务的高速增长，中国惠普有限公司成为惠普全球业务增长最快的子公司。

4. 倡导竞争、合作、共赢

竞争、合作、共赢是企业文化建设中顺应全球经济一体化发展的必然要求。目前，世界经济已步入知识经济的新时代，知识与信息的共享性决定了知识经济社会的竞合性，使各企业在竞争中合作、在合作中竞争。同时，各企业在竞争、合作、共赢氛围中共同获得应得的社会利益和经济利益。

5. 坚持企业宗旨、企业使命、企业目标、企业精神及企业价值观的和谐统一

所谓企业宗旨就是“企业的存在是为了什么”。企业是为了社会繁荣发展而存在的，是把创造的物质的、精神的、文化的产品提供给社会。

企业使命就是企业应承担的责任，其基本使命是把价廉物美的产品充分地供应给社会，而利润则是更好地实现企业根本使命的主要因素。

企业目标就是根据本企业在行业中的位置、市场份额和企业内部人、财、物状况所确立的企业在一定历史时期的奋斗目标。

企业精神就是企业全体成员共同的、彼此共鸣的一种意志、状态、思想境界和追求。企业精神是企业文化的灵魂，也是企业主要经营者的精神状态和意志的体现，更是全体成员在企业管理中集体精神的结晶。

企业价值观就是企业基本的理论或信仰。

案例阅读

品牌比利润更重要

1956年9月，一个晴朗而温馨的早晨，美国宝路华公司业务经理乔治随手翻了几张桌面上的图片和说明书。这些东西来自日本一个不知名的公司，他们制造出了一种小收音机。乔治认为能够从这种产品上获取利益，于是约见该日本公司负责人。日本公司负责人如期而至，他主动地走到乔治先生的桌前与他谈判。乔治说：“我们的订货是10万台。”日本公司负责人的身体没有动，他在静听下文。乔治接着说：“条件是把你们的品牌更改为宝路华的牌子。”“不，”日本公司负责人说，“绝不！”乔治大惑不解，他不明白这个日本公司负责人为什么没有一点商人的头脑。他有点愤怒地说：“没人听说过你们的名字，而我们公司却是著名牌子，为什么不借用我们的优势？”日本公司负责人平静地说：“我绝不能因为有大钱可赚而没有自己的牌子。50年前，你们的名字一定和我们一样名不见经传。我带着新产品来，正在为我们公司的50年起步。我向你保证，50年后我们的公司会像你们公司一样著名。”

这个人就是盛田昭夫，这个公司就是索尼。

企业宗旨、企业使命、企业目标相当于企业的指南针。为了不使企业迷失方向，一个优秀的企业管理者，应在策划并建设企业文化时，首先考虑并确定企业宗旨、企业使命和企业目标。

企业精神和企业价值观在哲学上虽有区别（前者属于状态范畴，后者属于关系范畴），但是在企业文化中它们又是相辅相成，紧密联系在一起的。

6. 企业文化建设的形式

在企业的运营中，一般可以通过以下形式进行企业文化的建设。

（1）会议宣传

利用晨会、例会、总结会宣讲公司的价值观念，并把宣讲程序在这些会议中固定下来，成为公司的制度及公司企业文化的一部分。

（2）张贴标语

把企业文化的核心观念制成标语，张贴于工作场所的显要位置。

（3）树立典型

给员工树立一种形象化的行为标准，通过典型员工形象具体地说明“什么是工作积极”“什么是工作主动”“什么是敬业精神”“什么是成本观念”“什么是效率高”等，从而提升员工的工作积极性。上述这些行为都是很难量化描述的，具体化的形象可以帮助员工理解。

（4）企业创业、发展史陈列室

陈列一切与企业发展相关的物品。在陈列室中对企业内部现在或者过去的先进人物、事迹进行宣传，并从企业文化的角度进行重新阐释。

（5）文体活动

文体活动是指举办晚会、体育比赛等，在这些活动中贯彻企业文化。

（6）领导人的榜样作用

在企业文化形成的过程当中，领导人应身先士卒，做好榜样。

（7）创办企业报刊

企业报刊是企业文化建设的重要组成部分，也是企业文化的重要载体，企业报刊更是向企业内部及外部所有与企业相关的公众和客户宣传企业的窗口。

三、企业文化的适应

企业文化是企业进行团队管理的重要精神载体与依据，是一个团队集体精神指向的核心标准与价值体现，是企业领导与团队做人做事所遵循的相关准则。

1. 新员工融入企业文化的方法

企业文化是企业在解决生存和发展问题的过程中形成的，是被组织成员认为有效并共同遵循、共同维护的基本信念、原则和准则。企业文化集中了企业的关键价值要素，是企业本质特征的总和。

当新员工进入企业，从客观上说，企业应为其做好入职培训指导，对于新员工有疑问之处也应尽量做解释，以消除其顾虑，使他们尽快适应企业环境。从主观上说，新员工更应在工作中多学、多问、多了解。作为一名组织成员，需要服从一个组织或企业的价值倡导。具体来说，可以从以下几个方面去努力：

（1）理解企业所承载的使命

理解企业所承载的使命，并将这种使命与自身的工作相结合，以此来理解本岗位存在的意义或者价值。

1）学习职业道德榜样。每个行业和企业都有自己树立的道德楷模。每个人都有自己尊崇的职业道德榜样，榜样的示范、引导和感召作用，是进行职业道德修养的有效方法。

案例阅读

振超效率

许振超是青岛港（集团）有限公司员工，参加工作至今，他干一行，爱一行，精一行，靠追求卓越、精业报国的主人翁意识和开拓进取、求真务实的创业精神，带领自己的团队，创造出了世界一流的集装箱装卸效率。

许振超认为，爱岗就要敬业，敬业就要精业，他始终对技术操作精益求精，练出“一钩准”的操作水平和“无声响操作”的绝活儿。2001 年，他承担起青岛港新兴桥吊装现场总指挥的重任。接受任务后他买了十箱方便面，连续 40 多天没有回家，坚持工作在码头一线，每天在寒风里一干就是十五六个小时。就是凭着这种艰苦奋斗、顽强拼搏的精神，许振超带领工友们胜利完成任务，为青岛港的集装箱业务发展赢得了宝贵的时间和机遇。

许振超非凡的业绩得益于他时刻把学习作为“第一需要”，他坚信“知识改变命运，学习成就未来”，数十年如一日，不论在什么岗位上，都坚持“工作需要什么就学习什么”的理念，永远带着问题去学习。他说：“一个人可以没有文凭，可以不进大学，却不能没有知识。人要活出质量，就要孜孜不倦地学习，这样才不枉宝贵的一生。”

学习职业道德榜样，首先要善于发现榜样，正确选择榜样。一个好的榜样，是学习的典范，有助于提高自身的道德素养，提升道德境界。道德榜样身上所体现的是一种任劳任怨、兢兢业业、执着无悔、无私奉献的精神，是锐意进取、刻苦学习、善于钻研的典型代表。虚心学习各类职业道德榜样，对榜样的爱戴和敬佩之情会转化为强烈的道德情感，并最终成为引导我们在实践中克服困难、取得成功的强大精神动力。

学习职业道德榜样，还要与岗位工作相结合，把学习榜样的愿望转化为实实在在的工作业绩，而不仅仅是停留在精神层面上的崇拜。应止步于口头上的赞扬，要让这种敬佩和崇拜转化成工作的动力，作为奋斗的目标去努力，在实际的工作中发光发热，创造出更好的业绩。

2）培养敬业精神。中华民族历来有“敬业乐群”“忠于职守”的传统。宋朝思想家朱熹说，敬业就是“专心致志以事其业”，即用一种恭敬严肃的态度对待自己的工作，认真负责，一心一意，任劳任怨，精益求精。

敬业精神是个体以明确的目标选择、朴素的价值观、忘我投入的志向、认真负责的态度，在从事自己主导的活动时表现出的个人品质。敬业精神是做好本职工作的重要前提和可靠保障。敬业精神也就是我们常常提倡的主人翁精神，具体表现为工作积极认真，有责任感，具有基本的职业道德。

一个人从事一份职业，只有敬业才能爱业，才能做好本职工作。敬业的品质可以使一个人从平凡走向优秀，从优秀走向卓越。对于一名员工来说，从事一项职业，不仅意味着有了一个“饭碗”，有了基本生活保障，同时也意味着承担起一份社会责任。

案例阅读

敬业的导游

23岁的文花枝是湖南湘潭新天地旅行社的导游。2005年8月28日下午2时许，文花枝所带团队乘坐的旅游大巴在陕西延安洛川境内与一辆运煤的货车相撞。这是一次夺走6条生命，造成14人重伤、8人轻伤的重大交通事故。

当可怕的瞬间过去，坐在前排的文花枝清醒过来时，发现和自己同坐前排的司机和西安本地导游已经罹难。她自己左腿小腿骨断裂、骨头外露，腰部以下被卡在座位里不能动弹。营救人员迅速赶来，他们想先将坐在前排的文花枝抢救出来，她却平静地说："我是导游，后面都是我的游客，请先救他们。"

长达两个多小时的艰难营救对于伤者来说无疑是漫长的。重伤的文花枝一直牢记自己作为导游的使命，不停为自己的游客打气。正是由于文花枝的鼓励，让很多受伤游客有了支撑下去的勇气。当文花枝最后一个被营救出来时，伤口已经严重感染，医生不得不为她做了左大腿截肢手术，一位年轻的姑娘就这样失去了自己的一条腿。主治医生惋惜地说："太可惜了，若早点做清创处理，不耽误宝贵的抢救时间，她这条腿是能够保住的。"

敬业是做人的行为准则和道德规范，坚守责任就是坚守最根本的人生义务。责任是对人生义务的勇敢担当，也是对生活的积极态度，更是对自己所负使命的忠诚和信守。一个充满责任感、勇于承担责任的人，会因为这份承担而让生命更有分量。

3）提高职业技能。职业技能包括与特定操作岗位相关的专业技能和解决实际工作问题的技能。提高职业技能，一方面是社会发展、组织进步的需要，另一方面也是为自己今后进一步发展获得更多机会做准备。

案例阅读

辽河油田的技能专家

高级技师束滨霞在辽河油田公司欢喜岭采油厂工作了24年，获得了集团公司技能专家、全国劳模、"中国高技能人才楷模"等诸多荣誉。她先后摸索和创新出油井管理分类法、设备维护精细法、安全环保责任法、技能学习互动法、员工关爱亲情法、小站文化凝聚法等采油站管理"六法"。由于采用了这六种方法，欢喜岭采油厂累计增产原油80多万吨，降本增效9 600多万元，仅油井管理分类法和设备维护精细法的运用，就使含蜡高、出砂严重的九口油井累计挖潜增油

7 000 余吨，降本增效 500 余万元，自然递减率由 28.51% 下降到 23.72%。束滨霞也因此被人称为“油井华佗”。

多年来，束滨霞学习了多本相关理论书籍，写下几十万字学习笔记，收集了几万组油井对比参数，绘制出数百张井站工艺流程图和井身结构图，成为了一名油井管理知识、地质构造理论的多面手。

（2）理解企业成员共同期望的发展愿景

理解企业成员共同期望的发展愿景，了解企业发展的战略目标，依据使命确定自身工作对企业发展的推动作用，为自己设定职业发展的目标。

1）个人与企业的关系。一个企业的兴旺靠的是所有员工的努力，而企业的兴衰与员工的利益休戚相关，员工为企业付出时间和精力，企业必然会带给员工更好的生活保障。只有企业发展了，才能带动员工发展，因此，明智的员工都有这样的认识，企业先赢个人后赢，也就实现了双赢，如果这个顺序颠倒了，那么也就没有了“赢”字。同样，企业只顾自己利益，不考虑员工的利益，那么企业也难以发展。

有人认为，员工与企业之间是一种纯粹的契约关系，企业给多少报酬，员工就干多少工作。有了这种想法，是很难把企业的利益与个人利益联系起来的。作为一名员工，把个人理想融入企业的共同理想当中，把个人奋斗融入企业建设中，坚定对企业发展的信念、信心，才能在工作实践中不断地得到锻炼和提高。

2）团队合作意识。团队精神是指团队成员为了团队利益和目标尽心尽力的意愿和作风，是将个体利益与整体利益相统一，从而实现组织高效率运作的理想工作状态。

能很快融入团队，服从团队的最终利益，不用督促、不怕困难，为团队的目标发挥自己的力量，这样的员工才是优秀的员工。平等地看待别人，正确地看待自己，处理好与同事之间的关系，才能使一个团队更有凝聚力和战斗力。

（3）理解企业的核心价值观

企业的核心价值观是企业处理各种情况所坚持的最根本的态度与原则。

作为组织的一名成员，就是在企业使命、愿景和价值观方面，时刻保持与企业的一致，并将文化的要求和理念的倡导落实到自己的工作与生活中去，对内通过文化的倡导形成良好的沟通氛围，对外通过文化的表达形成共同的社会形象，通过自己的言行时刻传达企业的价值倡导。

2. 新员工适应企业文化的方法

（1）谦虚行事

身处一个陌生的文化环境中，谦虚行事是必不可少的。在对企业的文化还没有基本了解的情况下，急于表现自己的所知所能，这样不但不能让别人对你刮目相看，还容易弄巧成拙，让人产生厌恶感。

当然，谦虚行事并不意味着畏首畏尾、不思进取。要想打破新环境带来的陌生感和疏离感，最好的方法是在工作中勤学多问，主动接收来自各方面的工作信息，在做好自己工作的同时，涉猎企业内部更广的领域。只有这样，一旦机遇到来，才会有更好的发展。

（2）融入团队

在现代企业中任何人都不能单打独斗，个人英雄主义是行不通的，融入一个企业的文化中去，就是融入这个团队。想要被一个团队接纳，就应接受和认同这个团队的价值观念，在这个团队中找到自己的角色和职责。

需要注意的一点是，融入团队并不是拉帮派、搞小圈子。职场是一个讲究团队士气和团队精神的地方，和同事相处要一视同仁，切不可内部分帮分派，游离于公司的主流文化之外。

课堂实战

目标任务

通过参观、走访或者网络搜索优秀企业的企业文化，了解不同企业的文化特点，分享各企业的企业文化。

方案设计

以小组为单位，每组选定一个领域内的优秀企业进行资料的整理，选派一名学生代表就该企业的企业文化进行展示汇报，其他小组交流讨论。

执行要领

1. 各小组选择好企业后，请学校招生就业处与相关企业沟通联系，落实企业的接待工作。

2. 各小组选好组长，小组内进行具体任务的分配，同时考虑好交通出行路线、安全等问题。

3. 参观走访中，小组成员应遵循企业的安排，详细记录，经企业许可，方可进行拍照等。

交流讨论

1. 请你谈谈在走访参观中的感受和印象最深刻的内容。

2. 谈谈你走访的企业通过哪些途径展示了企业文化。

3. 你觉得校园文化和企业文化有什么不同?

第二节 现代企业形象

【导读】

砸冰箱也是一种企业形象的塑造

1985 年，海尔创业的第二年，一位用户给海尔写信抱怨说自己攒了好多年钱才买的冰箱上有道划痕。海尔 CEO 张瑞敏由此查出了仓库里有 76 台冰箱存在类似问题。员工希望将这些有瑕疵的冰箱作为福利降价卖给员工。但张瑞敏的决定却是：砸了！这个当时被不少人认为是“败家”的砸冰箱事件，却砸出了海尔员工“零缺陷”的质量意识，这一“砸”，不仅使海尔在 1991 年成为中国家电行业唯一入选“中国十大驰名商标”的品牌；更重要的是，将“零缺陷”的质量意识，砸进了海尔成长的基因中。

张瑞敏的这一“砸”，是运用企业形象的塑造获得经营成功的典型。在海尔，重视企业形象与信誉，绝不仅是一种促进产品销售的手段，而且是一种与企业命运攸关的企业经营策略，它体现在企业经营活动的各种细微之处。当海尔的这种良好形象在客户的心目中稳固存在的时候，它便成为一种向心力，把海尔和它的客户联系在一起。

【点评】

在市场竞争日益激烈的新形势下，企业要想在竞争中取胜，除了拥有质优价廉的产品外，更为关键的是企业能否独具慧眼地塑造个性鲜明、信誉良好的企业形象。因为“酒香不怕巷子深”的年代已成为历史，消费者已不仅仅满足于对产品使用价值的物质需求，更多地取决于产品审美价值的文化需求和对产品品牌和企业形象的精神需求。

一、现代企业形象概述

1. 企业形象的定义

企业形象是指人们通过企业的各种标志（如产品特点、行销策略、包装风格等）而建立起来的对企业的总体印象，是企业文化建设的核心。

企业形象是企业精神文化的一种外在表现形式，它是社会公众与企业接触交往过程中所感受到的总体印象。这种印象是通过人体的感官传递获得的。企业形象能否真实反映企业的精神文化，以及能否被社会各界和公众舆论所理解和接受，在很大程度上取决于企业自身的主观努力。

2. 企业形象的分类

企业形象的分类方法很多，根据不同的分类标准，企业形象可以划分为以下几类：

（1）企业内在形象和外在形象

这是以企业的内外在表现来划分的，好比我们观察一个人，有内在气质和外在容貌之分，企业形象也同样有这种区别。

内在形象主要是指企业目标、企业哲学、企业精神、企业风气等看不见、摸不着的部分，是企业形象的核心部分。

外在形象则是指企业的名称、商标、广告、厂房、厂歌、产品的外观和包装、典礼仪式、公开活动等看得见或听得到的部分，是内在形象的外在表现。

（2）企业实态形象和虚态形象

实态形象又可以叫作客观形象，是指企业实际的观念、行为和物质形态，它是不以人的意志为转移的客观存在。诸如企业生产经营规模、产品和服务质量、市场占有情况、产值和利润等，都属于企业的实态形象。

虚态形象则是用户、供应商、合作伙伴、内部员工等企业关系者对企业整体的主观印象，是实态形象通过传播媒体等渠道产生的映像。

（3）企业内部形象和外部形象

企业内部形象是指企业的全体员工对企业的整体感觉和认识。企业的外部形象表现为企业对外的知名度、美誉度及可信度等。

（4）企业正面形象与负面形象

这是按照社会公众的评价态度不同来划分的。社会公众对企业形象的认同或肯定的部分就是正面形象，抵触或否定的部分就是负面形象。任何企业的企业形象都是由正反两方面构成，对于企业来说，一方面要努力提升正面形象，另一方面又要努力避免或消除负面形象，两方面同等重要。

（5）企业直接形象和间接形象

这是根据公众获取企业信息的媒介渠道来划分的。公众通过直接接触某企业的产品和服务以及办公环境等，亲身体验形成的企业形象是直接形象，而通过大众传播媒介或借助他人的体验得到的企业形象是间接形象。

（6）企业主导形象和辅助形象

这是根据公众对企业形象因素的关注程度来划分的。公众最关注的企业形象因素构成主导形象，而其他一般因素构成辅助形象。企业形象由主导形象和辅助形象共同组成，决定企业形象性质的是主导形象；辅助形象对主导形象有影响作用，而且在一定条件下能够与主导形象实现相互转化。

3. 企业形象的构成要素

企业形象是企业内外对企业的整体感觉、印象和认知，是企业状况的综合反映。塑造良好的企业形象，是公共关系的一般要求，也是企业的核心问题。一般而言，企业形象由以下三个部分构成，如图 6—2—1 所示。

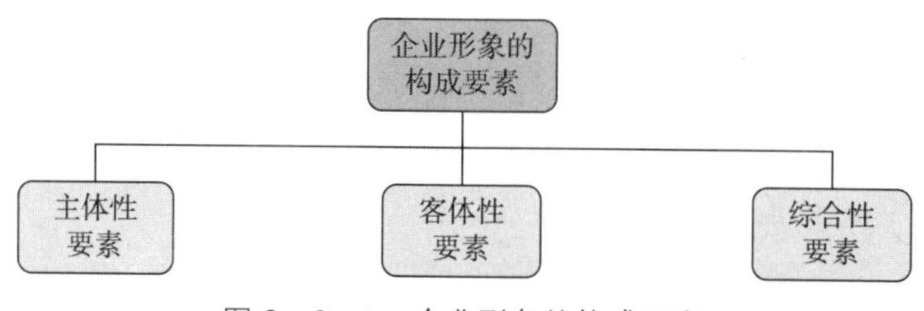

图 6—2—1　企业形象的构成要素

也可以将企业形象的构成要素更加具体地分为以下六个部分，具体内容见表 6—2—1。

表 6—2—1　企业形象构成要素的具体内容

构成要素	具体内容
产品形象	质量、款式、包装、商标、服务
组织形象	体制、制度、方针、政策、程序、流程、效率、效益、信用、承诺、服务、保障、规模、实力
人员形象	领导层、管理群、员工

续表

构成要素	具体内容
文化形象	历史传统、价值观念、企业精神、英雄人物、群体风格、职业道德、言行规范、公司礼仪
环境形象	企业门面、建筑物、标志物、布局装修、展示系统、环保绿化
社区形象	社区关系、公众舆论

4. 企业形象的重要性

企业形象对于企业来说是非常重要的，是企业内在的各种文化信息所形成的凝聚力、创造力、吸引力和竞争力的综合体现，良好的企业形象，能够给企业发展带来不可限量的影响。

案例阅读

良好企业形象的作用

创立世界电器王国的日本企业家，有“经营之神”美誉的松下幸之助，一直把企业形象当成头等大事来抓。他每周抽出一天时间接待投诉者，亲自听取用户的意见，对他们投诉的问题给予满意答复，同时从这些意见中寻找思路，开发大量新产品，使营销策略和服务方式日趋完善。当企业出现暂时困境，管理层主张裁员时，松下却坚决反对。货卖不出去，他宁愿让机器暂时停下来，也不会减少员工的工资和福利。停工期间，他安排一部分人检修机器，对其他人则安排免费培训。受到感动的员工们往往主动走出去，为企业推销积压产品，使公司一次又一次地走出了困境。

松下需要的人才基本都是通过公司培训和市场锻炼培养的。由于企业形象好，在对外招聘时，并不需要求助于猎头公司，只要松下公司或分公司负责人跑一趟，往往就能达到目的。更有许多人才慕其名、仰其行，不请自来。这正是企业和管理者具有良好形象所形成的良性循环。

企业塑造一个良好的公众形象需要很长时间，而企业形象的坍塌却可能是一瞬间。

美国、日本和一些欧洲国家的企业都非常重视企业形象。在美国和日本，每年都要进行一次最佳企业形象推荐评选活动，把企业形象灌输并体现在经营思想和经营活动中，逐步成为强化经营管理、拓展国际市场的重要手段。在这些发达国家中，有不少面临困境的企业，由于适时导入了以树立企业形象为目的的策划，使得经营情况大为好转。

总体而言，企业形象有六个方面的作用。

第一，企业形象可以使企业得到社会公众的信赖和支持。这是企业开展一切经营活动的基础，是企业建立与公众各种关系的基础。

第二，企业形象有助于企业产品占领市场。良好的企业形象可以得到公众的信赖，为企业的产品和服务创造出一种消费信心。

第三，企业形象可以增强企业的筹资能力，提高经济效益。良好的企业形象有助于企业出售股票、吸收资金、获得贷款等，这使企业在较短的时间内能够积聚大量资本，扩大经营规模，提高市场开拓能力和抗风险能力，增强发展后劲。

第四，企业形象有利于企业广招人才，增强企业发展的实力。人才在好的企业不仅能人尽其才，发挥最大作用，实现自己的人生价值，而且能够获得更多的进修和学习机会，不断提高自己的能力，充实自己，获得个人事业的成功。

第五，企业形象有助于增强企业的凝聚力。企业形象所倡导的企业理念和企业价值观是企业的灵魂，是企业经营的最高准则和员工共同的精神信仰与行动指南，它培育着企业员工的团队精神，能够激发员工的自豪感、荣誉感，使他们热爱企业、献身企业，自觉地把自身的言行和企业的形象联系起来，把自身的命运和企业的命运联系起来，从而产生强烈的使命感和责任感。

第六，企业形象为企业创造名牌产品提供了有利的条件。由于市场需求不断地向高档化、名牌化发展，消费者越来越重视名牌产品。而企业形象是产品成为名牌的基础，要创立名牌产品必须先树立良好的企业形象。

二、现代企业形象战略

1. 企业形象战略的定义

企业形象战略是一种超越传统观念的企业形象整体战略，是企业总体战略的一个重要组成部分。企业形象战略是在调研和分析基础上，通过策划和设计企业形象识别系统（CIS），来体现本企业区别于其他企业的标志和特征，塑造企业在社会公众心目中的特定位置和形象。

企业形象战略通过对企业理念识别（MI）、企业行为识别（BI）和企业视觉识别（VI）的协调统合，对内可以强化群体意识，增强企业的向心力和凝聚力，同时，通过标准化、系统化的规范管理，还可以增强企业适应力，对外树立起鲜明统一的企业形象，为企业的未来发展创造整体竞争优势。

知识链接

企业形象识别系统（CIS）

CIS是企业形象识别系统的英文缩写。其主要含义是将企业文化与经营理念统一设计，利用整体表达体系，特别是视觉表达系统，传达给企业内部与公众，使其对企业产生一致的认同感，以形成良好的企业形象，最终促进企业产品和服务的销售。它包括理念识别、行为识别和视觉识别三个部分。

2. 企业形象战略的作用

企业形象战略的作用主要有：

（1）改善企业体制

企业形象战略通过周密、严谨、有序的系统工程，对企业状态进行全面彻底的检查，并根据发现的问题，设计出解决问题的程序、模式、标准及方向，以帮助企业转变机制、更新观念、规范行为、广纳贤才和重塑形象，使企业具备自我适应、调整和更新的能力，从而推动企业的成长。企业形象战略的导入会引起企业经营观念和管理手段的双重变化，因而能有效地、全面地改善企业体制，建立一个崭新的企业形象。

（2）统一和提升企业形象

例如，一个企业可以根据环境的变化将其经营理念由原来的“以品质求效益”改为“高品质——新生活的象征”，以此宣告本企业产品质量的又一次提升。

但是，如果该企业在其行为规范、视觉识别方面都未体现这一新理念，其结果将是企业形象的支离破碎，这就大大影响了企业形象的表现力和诉求力。企业形象战略是对以经营理念为核心的所有形象要素的整合，以形成一个全面统一、独特的企业形象，它将企业的各种特性要素化作一个简单的视觉符号——标志、标准字体，化作一种统一的色彩，化作一句广告口号、一种行为模式。通过各种传播媒体使人们在异彩纷呈的世界中，一眼便能识别这个企业。

（3）加强内部凝聚力

企业形象战略对于增强企业的凝聚力、提高企业竞争力的作用主要表现在两个方面：第一，通过对员工价值观和行为的塑造与规范，使员工脱离低层次的狭隘思想，动员其为共同的企业目标团结成利益一致的有机整体，自觉调节个人与集体之间的关系，培养员工的归属意识、群体意识和参与意识；第二，标准化、规范化的视觉统一设计，能给人耳目一新、朝气蓬勃的感觉，可以为企业创造良好的环境氛围，达到耳濡目染、潜移默化的作用，激励员工士气，最大限度地发挥员工积极性和创造性。

（4）增强消费信心

我们可以随口说出许多国产的家电品牌，如海尔、长虹、美的、康佳、TCL 等，它们都有不同的消费群体，是广大消费者信任的著名品牌，这一现象反映了人们消费信心的倾向性。现代社会中，客户是企业的上帝，他们用手中的钞票作选票，支持符合其愿望的企业。消费信心是他们投票的导向，而良好的企业形象是投票的依据。企业形象战略创造出的统一、独特的企业形象，像是企业发给客户的保证书，使客户放心大胆地采取购买行为。

（5）创造适宜的外部经营环境

良好的企业形象犹如一个巨大的磁场，吸引着资金、技术、人才等经营要素，为企业创造良好的外部经营环境，保持企业长久的生命力。可口可乐公司曾这样宣称：“如果有一天，一场大火把公司化为灰烬，我们仍可以凭借可口可乐的声誉重建可口可乐帝国。”这不能不说是可口可乐卓越的企业形象战略的成功。

案例阅读

海澜之家的企业形象战略

2002 年，海澜之家以男装自选超市最新服装零售业态的创始人姿态亮相中国男装市场。海澜之家是海澜集团旗下的一个自创品牌，以“高品质、中价位”定位于大众消费群体。自创立以来，以全国连锁的统一形象、超市自选的营销模式、品种丰富的货品选择等企业形象，挺进中国男装零售市场并迅速打开了局面。目前，海澜之家已在全国开设了 700 多家专卖店，形成了稳居华东地区、逐步推向全国市场的局面。

3. 企业形象战略的设计规划

企业形象战略的设计规划与实施导入是一种循序渐进的计划性作业，综合国内外企业导入 CIS 的经验，其作业流程大致可分为下列四个阶段。

（1）企业实态调查阶段，主要是了解企业的现状、外界对企业的认知等实际情况，并从中确认企业给人的实际形象认知状况。

（2）形象概念确立阶段，主要是以调查阶段的结果为基础，分析企业现状、外界认知、市场环境等与企业形象设计相关的问题，来拟订公司的定位与应有形象的基本概念，作为 CIS 设计规划的原则依据。

（3）设计作业展开阶段，主要是根据企业的基本形象概念，转变成具体可见的信息符号，并经过精致作业与测试调查，确定完整并符合企业特点的企业形象识别系统。

（4）完成与导入阶段，本阶段的重点在于排定导入实施项目的优先顺序、策划企业的广告活动以及筹组企业形象。

案例阅读

TCL 计算机企业形象的一次策划

TCL 计算机作为 TCL 集团进军 IT 领域的一支主力军，从 20 世纪 90 年代中后期以来一直保持不错的销售成绩。与此同时，TCL 计算机也面临三大问题：一是如何在原来的业绩基础上，整合各种资源优势，最大限度地占领市场份额；二是如何提升 TCL 计算机产品的技术含量和设计质量，使其更加符合消费者的需求，并制造出适合不同消费群体的 TCL 计算机；三是市场竞争即品牌的竞争，如何提升 TCL 计算机在广大消费者心目中的品牌提及率和消费影响力，使 TCL 更上一层楼，跻身国内个人计算机三甲之列。

当英特尔公司副总裁访华的消息从大洋彼岸传来时，公司管理者立即意识到，对于 TCL 来说，这将是一次绝好的提升公司形象的机遇，可以借此进一步提升市场竞争力。

公司迅速制定了相应的策划方案：一张照片，一句话。

一张照片：就是要成功安排英特尔全球执行副总裁和集团公司总经理在 TCL 计算机旁合影，以吸引广大消费者的目光。

一句话：要通过会谈，对外发布这样一个信息，那就是“TCL 信息新家庭的企业战略与英特尔基于 Pentium 4（奔腾 4）处理器之‘延伸的 PC’的概念是相一致的”。有了这句话，就意味着英特尔对与 TCL 建立战略合作伙伴关系成果的进一步认可和肯定。

经过精心策划和实施，以“一张照片，一句话”为基础，通过国内外众多核心媒体的跟进报道，此次活动基本达到设定目标：

（1）TCL 计算机品牌及其“信息新家庭”理念的成功传播。

（2）这次活动在业内引起了很大的反响，很多媒体和业内人士渐渐把 TCL 计算机作为联想、方正之后的第三品牌看待。

（3）这次活动使整个年度的宣传热点聚焦在“信息新家庭”上，TCL 计算机在媒体宣传上的得分率和提及率明显高于其他竞争对手。

（4）市场气势上升，有效展现了其产品稳定可靠、技术先进的专业形象，为其更好地进军个人计算机市场做了良好的铺垫。

课堂实战

目标任务

为你的班级做一次形象设计，通过活动的开展，加深对本节知识的理解与把握，同时增强班级凝聚力。

方案设计

以小组为单位，每组自行商定班级的文化特征，并根据文化特征设计班级的形象 LOGO，选派一名学生代表就该设计进行展示汇报，其他小组交流讨论。

执行要领

1. 各小组成员要关注班级的文化氛围，要认真分析班级的文化特征，提炼出班级文化的关键因素。

2. 各小组要根据班级文化的特征和提炼的班级文化因素，设计好有班级特色的 LOGO。

3. 在展示环节，各小组要综合小组成员的意见，做好 LOGO 的解释说明工作。

交流讨论

1. 请谈谈你对班级形象的理解。

2. 请谈谈你对企业形象的理解。

3. 你觉得企业形象和班级形象有何异同点？

思考与练习

一、简答题

1. 企业文化有哪些特征？

2. 企业文化的作用是什么？

3. 企业形象构成要素的具体内容是什么？

4. 企业形象战略的作用是什么？

二、案例分析题

2005 年 2 月 23 日，国家质量监督检验检疫总局发出紧急通知，在全国展开对含有苏丹红食品的抽查行动。当天 H 公司等涉嫌企业发表声明，声称在中国的产品没有受到影响。然而到了 3 月 4 日，北京首先检出 H 公司某品牌辣椒酱含有“苏丹红一号”，次日广州又检出大批 H 公司含有苏丹红的食品，此时 H 公司迅速展开产品召回行动，但其以邮寄回收至总部的手续相当烦琐。

H 公司自 1980 年成立以来，不断宣扬其企业文化，做了一系列品牌推广活动，在中国消费者心中树立了营养、健康、科学、美味的形象。但 H 公司在“苏丹红事件”中的表现却让消费者很不满，也让许多一向视这家公司为管理楷模的研究人员颇为不解。

企业文化是通过企业员工的行为表现出来的。在某些企业文化研究者看来，有些企业的价值观尽管完成了漂亮的起飞，但没有完美落地。所谓价值观的落地，就是企业的价值观通过一系列手段内化为企业的行为和习惯，形成一种特定的氛围，不通过规章制度也同样能约束员工的行为。H 公司对于苏丹红事件所作出的反应与其所宣扬的企业价值观是不一致的，可见 H 公司的企业价值观没有实现完美落地。在公关传播中，品牌的塑造是通过美誉度与知名度所构成的坐标达成的。当某一品牌已具备很高的知名度，其美誉度的维护就显得至关重要。如果企业价值观没有落地，在风云难测的市场经济环境中，知名度越高，则越容易身败名裂。

问题：

1. 案例中的企业在处理“苏丹红事件”中的做法给企业文化带来哪些损害？

2. 本案例对于建设优质企业价值观带来哪些启示？